Meinhard Miegel
Stefanie Wahl

Solidarische Grundsicherung Private Vorsorge

Meinhard Miegel
Stefanie Wahl

Solidarische Grundsicherung Private Vorsorge

Der Weg aus der Rentenkrise

AKTUELL

Die Deutsche Bibliothek - CIP-Einheitsaufnahme

Miegel, Meinhard :
Solidarische Grundsicherung - Private Vorsorge : der Weg aus der Rentenkrise / Meinhard Miegel; Stefanie Wahl. -
München: Aktuell im Olzog Verl., 1999
ISBN 3-87959-535-6

ISBN 3-87959-535-6

Internet: http:// www.olzog.de

Umschlagentwurf: Gruber & König, Augsburg
Druck- und Bindearbeiten: Presse Druck, Augsburg
Printed in Germany

Inhaltsverzeichnis

Tabellenverzeichnis

Schaubilderverzeichnis

Einführung

Das bestehende System der gesetzlichen Alterssicherung funktioniert nur dann störungsfrei, wenn vergleichsweise viele Erwerbstätige wenige nicht mehr Erwerbstätige zu versorgen haben. Diese Voraussetzung war in Deutschland jahrzehntelang erfüllt. Doch seit einiger Zeit ist das nicht mehr der Fall. Das Arbeitsvolumen, gemessen in effektiv geleisteten Arbeitsstunden, nimmt zügig ab, die Zahl dauerhaft und gut bezahlter Vollzeitbeschäftigter schwindet, und die Lohnquote fällt seit Jahren. Zugleich nimmt die Zahl von zu versorgenden, alten Menschen sprunghaft zu. Beide Trends bewirken, daß sich das zahlenmäßige Verhältnis von Erwerbstätigen zu nicht mehr Erwerbstätigen ständig zu Lasten ersterer verschiebt. Diese werden mit der Finanzierung der gesetzlichen Alterssicherung - von der Rentenversicherung bis hin zu den Beamtenpensionen - zunehmend überfordert. Sie beginnen, das System zu umgehen, und schwächen so den Zusammenhalt zwischen den Generationen - Grundlage jeder Alterssicherung.

Die Politik hat diese Entwicklung lange verdrängt. Mehr noch: Sie hat mit hohem materiellen und immateriellen Aufwand konstruktive Diskussionen über die Zukunft der Alterssicherung zu unterdrücken und mit Sprüchen wie "die Renten sind sicher" Reformvorschläge plattzuwalzen versucht. Ursächlich für dieses Verhalten war zum einen ein gewisses Beharrungsbestreben, das jeder Gesellschaft, einschließlich ihrer politischen Führung, eigen ist. Zum anderen ist jeder substantielle Eingriff in einen so gewaltigen Bau wie ein Alterssicherungssystem mit Mühen verbunden, die die Politik samt ihres bürokratischen Unterbaus gescheut hat. Entscheidend sind jedoch Macht- und Besitzstandsfragen. Die gesetzliche Alterssicherung gehört in Deutschland zu den wichtigsten Herrschaftsinstrumenten des Staates und einiger gesellschaftlicher

Gruppen. Deshalb ist es schwierig, objektiv über sie zu sprechen und ihre Vor- und Nachteile nüchtern gegeneinander abzuwägen.

Wer dies unternimmt, sieht sich leicht dem Vorwurf ausgesetzt, nicht nur eine Institution, die so oder auch anders organisiert werden kann, auf ihre bestmögliche Zweckdienlichkeit hin zu prüfen, sondern die freiheitlich-demokratische Grundordnung selbst in Frage zu stellen. Die Sprache ist verräterisch. Wo es an sich nur um Angemessenheit und Praktikabilität von Finanzierungs- und Organisationsstrukturen geht, werden unfehlbar die schweren Geschütze von Jahrhunderttradition, Generationenvertrag, Solidarität und Leistungsgerechtigkeit aufgefahren. Daß dem Wertekanon, der jeder Alterssicherung zugrundeliegt, auf andere Weise als im bestehenden System vielleicht besser entsprochen werden kann, gerät dabei aus dem Blick. Die Deutschen zahlen für diese Politik einen hohen Preis. Denn so zweifelsfrei das derzeitige System der gesetzlichen Alterssicherung in der Vergangenheit gute Dienste geleistet hat, so zweifelsfrei leistet es diese heute und in Zukunft nicht mehr.

Die Bevölkerung hat das längst begriffen. Nur die gegenwärtigen Rentner glauben noch mehrheitlich an die Verläßlichkeit der gesetzlichen Altersversorgung. Von den 45- bis 59jährigen hält hingegen nur noch jeder Dritte, von den 18- bis 44jährigen sogar nur noch jeder Sechste die Renten für sicher.[1] Und die Bürger wissen auch, welchen Weg sie künftig einschlagen wollen. Lediglich ein gutes Drittel möchte alles in etwa so belassen, wie es ist. Bei den unter 50jährigen schrumpft dieser Anteil bereits auf ein Fünftel. Ein weiteres Sechstel hat zur Frage der Neugestaltung der Alterssicherung

1 Vgl. n-tv emnid vom 30.3.1997.

noch keine abgeschlossene Meinung. Doch fast die Hälfte erklärt, sie wolle nur noch in Höhe einer Grundversorgung gesetzlichem Zwang unterworfen sein. Bei allem, was darüber hinausgeht, wolle sie frei wählen können.[2]

Wie so oft bildet die Politik auch bei dieser Entwicklung die Nachhut. Langsam beginnt sie jedoch, der Bevölkerung auf ihrem Weg zu folgen. Wer die Parteiprogramme sorgfältig liest, stellt fest, daß sie auf vielen Um- und mitunter auch Irrwegen letztlich diesem Ziel zustreben:[3] Die gesetzliche Alterssicherung soll zuvörderst eine auskömmliche Grundversorgung der Bevölkerung gewährleisten. Gleichzeitig soll die Vorsorge durch die Betriebe und die einzelnen auf- und ausgebaut werden. Insoweit sind die Konzepte schlüssig. Doch kranken fast alle daran, daß sie neben einer umlagefinanzierten Grundversorgung und einer erheblich vergrößerten kapitalfundierten Vorsorge noch die Aufrechterhaltung einer weiteren gesetzlichen, beitragsbezogenen Alterssicherung in Aussicht stellen. Das aber ist illusionär. Für ein derartiges weiteres System fehlen ganz einfach die Mittel.

Sachgerecht und realistisch ist vor dem demographischen und beschäftigungspolitischen Hintergrund einzig eine umlagefinanzierte, solidarische Grundsicherung, die die einzelnen nach ihren Möglichkeiten und Präferenzen durch betriebliche und/oder private Vermögensbildung ergänzen. Die solidarische Grundsicherung gewährleistet, daß alle Menschen im Alter auskömmlich versorgt sind. Sie ist so bemessen, daß sie für die wirtschaftlich Schwächeren zugleich den individuellen Lebensstandard sichert. Die Sicherung eines überdurchschnittlichen Lebensstandards wird hingegen in die Hände der Bürger zurückverlagert. Die Mittel, die sie hierfür benötigen, werden

2 Vgl. Wirtschaftsjunioren (1998), S. 78.

3 Vgl. Gillies, P. (1998), S. 41 f.

nach und nach durch den abnehmenden Finanzbedarf der solidarischen Grundsicherung frei. Auf diese Weise werden alle zur Finanzierung der solidarischen Grundsicherung herangezogen. Gleichzeitig entläßt der Staat jedoch die Bürger soweit aus seiner Vormundschaft, als sie dieser nicht mehr bedürfen.

Dieses Konzept der solidarischen Grundsicherung in Verbindung mit individueller Vorsorge, das der sächsische Ministerpräsident, Professor Dr. Kurt H. Biedenkopf, unter dem Begriff der "Bürgerrente" vertritt, wurde 1985 vom IWG BONN entwickelt.[4] Seitdem wurde es einer Vielzahl genauer Untersuchungen unterzogen. Dabei erwiesen sich kritische Einwände ausnahmslos als unbegründet. Zu ihnen gehörten:

- *Die Grundsicherung führt zu einer Verarmung der wirtschaftlich Schwächeren.* In Wirklichkeit werden gerade sie besser gestellt als im bestehenden System.
- *Die Grundsicherung ist unsolidarisch.* In Wirklichkeit gibt es keine solidarischere Form der Alterssicherung.
- *Die Grundsicherung macht die Wohlhabenden noch wohlhabender.* In Wirklichkeit tragen die Wohlhabenden mehr als bisher zur gesetzlichen Alterssicherung bei.
- *Die Grundsicherung enteignet die derzeitigen Beitragszahler.* In Wirklichkeit werden alle bestehenden Ansprüche befriedigt.
- *Die Grundsicherung ist ungerecht.* In Wirklichkeit schafft sie aufgrund ihrer Steuerfinanzierung einen fairen Ausgleich zwischen wirtschaftlich Starken und Schwachen.
- *Die Grundsicherung wirkt leistungshemmend.* In Wirklichkeit schafft sie höhere Leistungsanreize als das bestehende System, weil sie zu individueller Vermögensbildung anregt und die Voraussetzungen hierzu verbessert.

---

4 Vgl. Miegel, M./Wahl, S. (1985).

- *Die Grundsicherung begünstigt Faulenzer.* In Wirklichkeit werden diese über höhere indirekte Steuern verstärkt zur Finanzierung der gesetzlichen Alterssicherung herangezogen.
- *Die Grundsicherung ist von der Kassenlage des Staates abhängig.* In Wirklichkeit muß in die Verfassung eingegriffen werden, um die Höhe der Grundsicherung zu verändern.
- *Die Grundsicherung benachteiligt Haushalte, die zu individueller Vermögensbildung nicht in der Lage sind.* In Wirklichkeit wird die Vermögensbildungskapazität der meisten Haushalte deutlich verbessert.
- *Die Grundsicherung bedeutet die Abkehr von einer über 100jährigen Alterssicherungstradition.* In Wirklichkeit werden die bewährten Elemente dieser Tradition: Solidarität und Leistungsgerechtigkeit nur den veränderten gesellschaftlichen Bedingungen und Bedürfnissen angepaßt.
- *Die Grundsicherung führt in der Phase des Übergangs zu einer Doppelbelastung der Aktiven.* In Wirklichkeit wird auch im Übergang kein Jahrgang insgesamt höher belastet als im bestehenden System. Daß nach Beendigung des Übergangs die Belastung der Aktiven wesentlich geringer ist als im bestehenden System ist unbestritten.

Die besonderen Merkmale der solidarischen Grundsicherung sind:

- *Sie ist allgemein und gleich.* Sie ist damit Ausdruck einer wirklich solidarischen Gesellschaft, in der sachlich nicht zu begründende Versorgungsunterschiede, beispielsweise zwischen Beschäftigten im öffentlichen Dienst und in der Privatwirtschaft oder zwischen Erwerbstätigen und kindererziehenden Hausfrauen, beseitigt sind.
- *Sie ist individuell eigenständig.* Sie trägt damit dem Umstand Rechnung, daß unter den veränderten Lebensbedin-

gungen der Gesellschaft jeder einzelne seinen eigenen Anspruch auf Alterssicherung haben muß.

- *Sie ist auskömmlich.* Sie gewährleistet mit 52,5 vH des Volkseinkommens pro Kopf einen Lebensstandard, der im historischen und internationalen Vergleich hoch ist. Altersarmut ist zuverlässig gebannt.
- *Sie ist durch eigene Leistungen individuell gestaltbar.* Sie steigt in ihrer Höhe, wenn sie erst einige Zeit nach Erreichen der Altersgrenze in Anspruch genommen wird. Darüber hinaus vergrößert sie die Freiräume zu leistungsabhängiger, individueller Vermögensbildung.
- *Sie ist steuerfinanziert.* Sie wird damit von der Leistungskraft der gesamten Volkswirtschaft getragen. Der Faktor Erwerbsarbeit wird entlastet und dadurch gegenüber den anderen Produktionsfaktoren wettbewerbsfähiger. Die Beschäftigungslage verbessert sich.
- *Sie ist sicher.* Sie ist sowohl dem Grunde als auch der Höhe nach in der Verfassung verankert. Das bietet weitaus größere Sicherheit als die bestehenden Systeme.

Das Konzept der allgemeinen, gleichen, solidarischen und steuerfinanzierten Grundsicherung in Verbindung mit einer breit angelegten, vermögensfundierten, privaten Vorsorge verbindet auf ideale Weise die Stärken unterschiedlicher Vorsorgeformen. Es entspricht den Lebens- und Wirtschaftsbedingungen hoch entwickelter Gesellschaften im 21. Jahrhundert und ihren Bedürfnissen. Da keine Generation mit der Finanzierung dieser solidarischen Grundsicherung überfordert wird, leistet sie einen wichtigen Beitrag zum dauerhaften Zusammenhalt der Gesellschaft. Begründete Einwände gegen dieses Konzept bestehen nicht. Auf ihm kann die verläßliche Alterssicherung der Zukunft errichtet werden.

1 Nicht-mehr-Aktive haben über Transfers und Vermögen an Wertschöpfung teil

Erwerbsunfähige und alte Menschen, die keiner Erwerbsarbeit mehr nachgehen, sowie deren Hinterbliebene - Nicht-mehr-Aktive[5] - haben zwei Möglichkeiten, an den von der Volkswirtschaft bereitgestellten Gütern und Diensten - der Wertschöpfung - teilzuhaben: durch Transfers, d.h. Einkommen,[6] die ihnen von Dritten übertragen werden, und/oder Vermögen. Dabei ist bei den Transfers zwischen privaten und öffentlichen Transfers und bei den Vermögen zwischen privaten und öffentlichen Vermögen zu unterscheiden.

1.1 Teilhabe durch Transfers

1.11 Private Transfers

Die älteste Form der Teilhabe Nicht-mehr-Aktiver an der Wertschöpfung sind private Transfers im Rahmen von Sozial-, namentlich Familienverbänden, aber auch Haus- und Hofgemeinschaften, Nachbarschaften,[7] Freundeskreisen[8] oder privaten

---

5 Aus Gründen der Vereinfachung werden im folgenden alle über 59jährigen als Nicht-mehr-Aktive bezeichnet. Dies trägt der Tatsache Rechnung, daß der langjährige Rentenzugang von Erwerbsunfähigen und Altersrentnern in Deutschland und der EU bei durchschnittlich knapp 60 Jahren liegt.

6 Unter Einkommen werden sowohl Geld- als auch geldwerte Leistungen verstanden.

7 Haus- und Hofgemeinschaften sowie Nachbarschaften, namentlich Dorfgemeinschaften spielten vor allem in der agrarischen Gesellschaft eine große Rolle.

8 Auch unter Freunden, Bekannten und sogenannten Wahlverwandten können beachtliche private Transfers fließen.

Einrichtungen.[9] In früheren Zeiten war diese Form der Teilhabe für viele Nicht-mehr-Aktive die einzige. Entsprechend sorgfältig war sie geregelt.[10] Allerdings hat sie seit geraumer Zeit an Bedeutung eingebüßt,[11] auch wenn neuerdings Anzeichen für eine gewisse Wiederbelebung erkennbar sind.[12]

Auf derartige private Transfers war solange einigermaßen Verlaß, als der Anteil Nicht-mehr-Aktiver klein, der Sozialverband groß und der soziale Druck, die Alten in diesem Verband zu versorgen, hoch waren. Das war in Deutschland bis zu Beginn der zweiten Hälfte des 19. Jahrhunderts der Fall. Bis dahin bildeten Erwerbsunfähige und alte Menschen eine verschwindende Minderheit. Wer für seinen Unterhalt nicht mehr aufkommen konnte, starb rasch. Am Leben zu sein und für sich sorgen zu können, war annähernd gleichbedeutend. Die wenigen Nicht-mehr-Aktiven lebten in Sozialverbänden, die zumeist mehrere Erwerbsfähige umfaßten.

Das änderte sich mit der Industrialisierung. Durch sie stiegen Lebensstandard und -erwartung und zugleich wuchs der

---

9 Sie haben in Ländern wie den USA zum Teil erhebliche Bedeutung für die Versorgung Nicht-mehr-Aktiver.

10 Ein Beispiel ist das 4. Gebot: "Du sollst Vater und Mutter ehren, auf daß es Dir wohl ergehe und Du lange lebest auf Erden".

11 Dieser Feststellung steht nicht entgegen, daß im Familienverband noch immer in hohem Maße Betreuungs- und Pflegeleistungen gerade auch für alte Menschen erbracht werden. Ohne diese Leistungen wären materieller Wohlstand und immaterielles Wohlergehen vieler Alter oft erheblich geringer. Da diese Leistungen jedoch zumeist unentgeltlich erbracht werden, gehen sie kaum in die volkswirtschaftliche Gesamtrechnung ein. Deshalb bleiben sie hier - trotz ihrer großen einzel- und volkswirtschaftlichen Bedeutung - außer Betracht.

12 Dies gilt vor allem für private Spenden für besondere Hilfsaktionen. Die Entwicklung des Spendenaufkommens ist allerdings statistisch nur unzureichend erfaßt.

Anteil derer, die altersbedingt nicht länger für den industriellen Produktionsprozeß taugten, das heißt "in-valide" wurden. Parallel dazu lösten sich die tradierten Sozialverbände auf, da sie ebenfalls nicht den Bedingungen der Industriegesellschaft entsprachen. Die übriggebliebenen Kleinfamilien, die zumeist nur aus Eltern und Kindern bestanden, waren mit der auskömmlichen Versorgung der Nicht-mehr-Aktiven überfordert.

Diese Überforderung hatte jedoch nicht nur objektive Gründe. Wie ein Blick in die Geschichte und Literatur zeigt, war die Versorgung von dauerhaft Nicht-mehr-Aktiven - anders als die Versorgung von Kindern und zeitweilig Kranken - oft auch ein subjektives Problem. Die Anreize, sie an der Wertschöpfung teilhaben zu lassen, waren schwach. Zwar trugen die Aktiven auf diese Weise gegenüber den Alten eine Dankesschuld ab. Darüber hinaus gaben sie den Nachwachsenden ein Vorbild, wie diese sich später einmal verhalten sollten. Trotzdem gingen bei denen, die ausschließlich auf private Transfers angewiesen waren, Alter und Armut oft Hand in Hand.[13]

Unabhängig davon empfanden mit fortschreitender Individualisierung[14] Junge und Alte das enge Zusammenleben und die Kontrolle im Sozialverband belastend. Deshalb strebten beide nach größerer Unabhängigkeit voneinander. Dieses Streben wurde durch die Wohn- und Lebensverhältnisse einer zunehmend urbanen Gesellschaft verstärkt. Heute halten Aktive wie Nicht-mehr-Aktive eine möglichst geringe Abhängigkeit

---

13 Im Volksmund konnte ein Vater zwar sieben Kinder, aber sieben Kinder keinen Vater ernähren.

14 Hierunter wird die fortschreitende Ausdifferenzierung der Einzelpersönlichkeit und ihr Heraustreten aus der Gruppe verstanden. Vgl. Miegel, M./Wahl, S. (1996), S. 30ff. sowie 59ff.

von privaten Transfers mehrheitlich für wünschenswert.[15] Allerdings ist dieser Wunsch regional und schichtenspezifisch unterschiedlich stark ausgeprägt.

1.12 Öffentliche Transfers

Bei den öffentlichen Transfers ist zwischen steuer- und beitragsfinanzierten zu unterscheiden. Erstere haben eine lange Geschichte. Schon in der Antike flossen Bedürftigen Mittel zu, die durch Steuern aufgebracht wurden. Später konzentrierten sich solche Transfers dann zunehmend auf Personengruppen, die eine besondere Nähe zu Herrscher und Staat auszeichnete.[16] Erst mit der Rentengesetzgebung Ende des 19. Jahrhunderts[17] kamen sie in Deutschland wieder breiteren Bevölkerungsschichten, namentlich auch wirtschaftlich schwachen zugute. Unter bestimmten Voraussetzungen gewährte der Staat nicht mehr erwerbsfähigen Arbeitern einen steuerfinanzierten Zuschuß zum Lebensunterhalt.[18] In den folgenden Jahrzehnten wurde der Kreis der Begünstigten erweitert.

---

15 Anderen nicht zur Last zu fallen, hat für über 50jährige hohe Priorität. Vgl. Gesellschaft für Konsum-, Markt- und Absatzforschung (1992), S. 48.

16 So wurde im ausgehenden Mittelalter öffentlich Bediensteten oder verdienten Persönlichkeiten vom Staat mitunter aus Steuermitteln ein Altersgeld gezahlt.

17 1891 trat das "Gesetz, betreffend die Invaliditäts- und Altersversicherung" in Kraft. In der Mehrheit der übrigen europäischen Länder wurden entsprechende Versorgungssysteme erst 20 Jahre später bzw. in der Zwischenkriegszeit des 20. Jahrhunderts eingeführt. Vgl. Ritter, G. (1991), S. 87.

18 In den ersten Jahren nach Inkrafttreten des Gesetzes betreffend die Invaliditäts- und Altersversicherung betrug der steuerfinanzierte Reichszuschuß pro Rente 50 Mark jährlich. Er entsprach damit einem Fünftel bis einem Drittel der Rentenausgaben, die

Heute werden auf diese Weise die gesetzlichen Erwerbsunfähigkeits- und Altersbezüge von Ministern, Parlamentariern, Beamten, Richtern und einigen anderen Personengruppen sowie deren Hinterbliebenen[19] finanziert. Das gleiche gilt für die Zusatzversorgung im öffentlichen Dienst, die sogenannten versicherungsfremden Leistungen in der gesetzlichen Rentenversicherung[20] und jenen Teil der Sozialhilfe, der nicht mehr erwerbsfähigen Sozialhilfeberechtigten gewährt wird.[21] 1997 waren in Deutschland rund zwei Fünftel aller öffentlichen Transfers an Nicht-mehr-Aktive steuerfinanziert, mit weiter steigender Tendenz.[22]

Diese steuerfinanzierten Transfers gründen auf der Steuerkraft der gesamten Volkswirtschaft. Zu ihnen tragen alle Steuerpflichtigen bei, juristische Personen wie Unternehmen und ähnliche Einrichtungen ebenso wie natürliche Personen, gleichgültig ob selbständig oder abhängig beschäftigt, Erwerbs-

---

im übrigen aus Ersparnissen finanziert wurden. Vgl. Döring, D. (1980), S. 17ff. und 113.

19 Damit baut diese Regelung auf dem traditionellen Ehe- und Familienmodell auf.

20 Hierzu gehören u.a. Kriegsfolgelasten, Frührenten wegen Arbeitslosigkeit, Anrechnungszeiten für Studium und Ausbildung, Zuschläge für Ostrenten bei der Umstellung des DDR-Rentensystems sowie Kindererziehungszeiten. Diese Leistungen werden weitgehend durch einen steuerfinanzierten Bundeszuschuß abgedeckt. Vgl. auch Ziffer 3.22.

21 Die Sozialhilfe wird aus Steuermitteln finanziert. 1997 bezogen rd. 1,6 vH der über 60jährigen laufende Hilfe zum Lebensunterhalt innerhalb und außerhalb von Einrichtungen.

22 1999 dürfte der steuerfinanzierte Anteil der Transfers allein im Rahmen der gesetzlichen Rentenversicherung DM 119 Mrd. betragen. Vgl. BMF (1999), S. 2.

oder Arbeitslose, Rentner oder Schüler. Jeder, der direkt[23] oder indirekt[24] Steuern zahlt, finanziert diese Transfers mit. Allerdings ist die Belastung individuell unterschiedlich. Wer viel verdient und/oder verbraucht, trägt viel bei, wer wenig verdient und/oder verbraucht, trägt wenig bei. Jeder zahlt entsprechend seiner individuellen Leistungsfähigkeit.

Beitragsfinanzierte Transfers gibt es demgegenüber in Deutschland wie in vielen anderen Ländern erst seit der ersten Hälfte des 20. Jahrhunderts. Sie sind ein Ersatz für die kapitalfundierten Sicherungssysteme abhängig Beschäftigter, die mit der Rentengesetzgebung Ende des 19. Jahrhunderts geschaffen wurden, jedoch als Folge des Ersten Weltkriegs und der nachfolgenden Inflation zugrundegegangen waren.[25]

Diese beitragsfinanzierten Transfers, die in Deutschland im wesentlichen in der gesetzlichen Rentenversicherung ihre orga-

---

23 Zu den direkten Steuern zählen vor allem die Lohn- und Einkommensteuer und die Körperschaftsteuer.

24 Zu den indirekten Steuern zählen die Umsatz- und Verbrauchssteuern wie Mineralöl-, Tabak- und Alkoholsteuer sowie die Einfuhrabgaben.

25 Allerdings wurden auch schon in den ersten Jahren der Invaliditäts- und Altersversicherung Beitragszahlungen direkt für Rentenausgaben verwendet, da das Vermögen noch nicht ausreichte, um die Renten zu finanzieren. Bis 1914 war das Vermögen auf 2,1 Mrd. Mark und damit mehr als 10 Jahresausgaben angestiegen. Da Ende 1924 infolge von Geldentwertung und Währungsreform das Rentenvermögen auf knapp 15 vH des Wertes von 1913 gesunken war, wurde das Kapitaldeckungsverfahren aufgegeben und das Umlageverfahren eingeführt. Vgl. Ziffer 1.22 sowie Döring, D. (1980), S. 32 und Frerich, J./Frey, M. (1996), Band 1, S. 214.

nisatorische Form erhalten haben,[26] sind als Versorgungssysteme für ehemals abhängig Beschäftigte ausschließlich auf den Produktionsfaktor Erwerbsarbeit gegründet. Die sogenannten sozialversicherungspflichtig Beschäftigten[27] müssen zusammen mit ihren Arbeitgebern[28] durch einkommensabhängige Beiträge die notwendigen Mittel aufbringen. Damit haben diese Transfers ein wesentlich schmaleres wirtschaftliches Fundament als die steuerfinanzierten. Wie bei den steuerfinanzierten sind jedoch auch bei den beitragsfinanzierten Transfers die absoluten Belastungen ungleich. Wer ein hohes Einkommen aus abhängiger Beschäftigung hat, zahlt - bis zu einer bestimmten Obergrenze[29] - einen hohen Beitrag, wer ein niedriges Einkommen hat, einen niedrigen. Gleich sind nur die relativen Lasten.

Im Gegensatz zu steuerfinanzierten Transfers, an deren Aufbringung alle Bürger beteiligt, von denen aber in Deutschland derzeit nur wenige begünstigt sind, erwerben allerdings diejenigen, die Beiträge an das beitragsfinanzierte Transfersy-

---

26 Daneben gibt es weitere beitragsfinanzierte Transfersysteme wie die Alterssicherung der Landwirte oder die Künstlersozialversicherung. Vgl. BMAS (1998b), S. 90f. und 93.

27 Sozialversicherungspflichtig Beschäftige sind Arbeitnehmer - ausgenommen Beamte -, die gegen Arbeitsentgelt oder zu ihrer Berufsausbildung beschäftigt sind.

28 Bei den sogenannten geringfügig Beschäftigten leisten nach derzeitigem Rechtsstand allein die Arbeitgeber einen Beitrag.

29 1999 liegt die sogenannte Beitragsbemessungsgrenze bei 8500 DM in Westdeutschland und 7200 DM in Ostdeutschland. Sie wird jährlich entsprechend der Veränderung der durchschnittlichen Bruttoarbeitsentgelte der Arbeitnehmer fortgeschrieben. Vgl. § 159 SGB VI.

stem entrichten, unter bestimmten Voraussetzungen[30] den Anspruch, bei Erwerbsunfähigkeit oder im Alter[31] durch dieses System an der Wertschöpfung beteiligt zu werden. Dieser Anspruch, der in Form einer Rente realisiert wird, hängt davon ab, wie lange und in welcher Höhe Beiträge entrichtet worden sind. Doch entspricht die Rentenhöhe nicht - gewissermaßen versicherungsmathematisch - den zuvor erbrachten Beiträgen. Geleistet wird nach Kassenlage. Ist die Ertragskraft abhängiger Erwerbsarbeit hoch, schlägt sich das positiv in der Höhe der Renten nieder. Sinkt sie, sinken die Renten mit ihr, unabhängig davon, wie es um die Leistungsfähigkeit der Volkswirtschaft insgesamt bestellt ist.[32]

Damit stehen abhängig und vormals abhängig Beschäftigte in einem besonderen Beziehungsgeflecht zueinander, das im wesentlichen den privaten Transfers von Aktiven zu Nichtmehr-Aktiven nachgebildet ist. Hier wie dort fließen Leistungen einseitig von ersteren zu letzteren. Letztere erbringen keine Gegenleistung. Sie nehmen das Empfangene mit ins Grab, so wie die von ihnen erbrachten Leistungen von der vorangegangenen Generation mit ins Grab genommen worden sind.

---

30 Voraussetzung für die Altersrente sind die Vollendung des 65. Lebensjahres sowie eine Mindestversicherungszeit von fünf Jahren. Angerechnet werden Beitragszeiten - Pflichtbeitragszeiten einschließlich Kindererziehungszeiten und freiwillige Beiträge - sowie Ersatzzeiten wie militärischer Dienst, Kriegsgefangenschaft, Flucht. Darüber hinaus haben Versicherte Anspruch auf Altersrente, wenn sie das 63. Lebensjahr vollendet und 35 Versicherungsjahre nachweisen. Vgl. §§ 35, 36 SGB VI sowie § 50 SGB VI.

31 Darüber hinaus haben Ehegatten sowie Kinder nach dem Tode des Versicherten unter bestimmten Voraussetzungen Anspruch auf Hinterbliebenenrente.

32 Vgl. Ziffer 2.22.2.

Daraus folgt, daß die Aktiven mit ihren Leistungen keinen Anspruch gegen die Nachwachsenden erwerben, im Alter ebenso versorgt zu werden wie sie gegenwärtig die Alten versorgen. Vielmehr sind sie den Nachwachsenden - wie bei privaten Transfers - nur Vorbild im Umgang mit Nicht-mehr-Aktiven. Ob die Jungen eines Tages diesem Vorbild folgen werden, ist bei öffentlichen Transfers ebenso ungewiß wie bei privaten.

Deshalb wird über das Vorbild hinaus - ebenfalls in Nachbildung der Organisation privater Transfers - auf die Nachwachsenden zusätzlich Zwang ausgeübt. Dem dienen bei privaten Transfers religiöse und gesellschaftliche Normen.[33] Bei öffentlichen Transfers sind es staatliche Gesetze. Das verbessert die Chancen der jeweils Aktiven auf eine auskömmliche Altersversorgung. Eine Garantie sind solche Normen und Gesetze jedoch nicht. Das gilt sowohl für die Vergangenheit als auch für die Gegenwart.

Wie die Geschichte zeigt, wurden religiöse und gesellschaftliche Normen immer wieder zum Nachteil Alter verletzt. Gleiches widerfährt heute staatlichen Gesetzen. Bestrebungen, sich beispielsweise durch Schwarzarbeit oder die Vermeidung des Abhängigkeitsstatus den Lasten der sozialen Sicherungssysteme zu entziehen, sind weit verbreitet.[34]

---

33 Vgl. Ziffer 1.11.

34 Schätzungen zufolge werden in Deutschland im Rahmen von Schwarzarbeit Güter und Dienste im Wert von etwa 15 vH des Bruttoinlandsprodukts erwirtschaftet. 1975 lag dieser Anteil erst bei rund 6 vH, 1980 bei knapp 11 vH. Vgl. Schneider, F. (1998), S. 23. Ferner hat in Westdeutschland die Zahl sogenannter Scheinselbständiger, das sind Selbständige, die in der Regel nur für einen Auftraggeber arbeiten, keine weiteren Arbeitnehmer beschäftigen, eine arbeitnehmertypische Beschäftigung ausüben und nicht unternehmerisch am Markt auftreten, von 1970 bis 1996 von rund 100.000 auf reichlich 400.000 zugenommen. Vgl.

Hieran können immer weiterreichende gesetzliche Bindungen[35] oder die Fiktion des Generationenvertrages[36] nur wenig ändern. Der Generationenvertrag hat bei öffentlichen Transfers eine ähnliche Bedeutung wie familiäre Beziehungen bei privaten Transfers. Wie die Bindekraft letzterer unter den objektiven und subjektiven Belastungen von Industrialisierung und Individualisierung nachgelassen hat,[37] schwindet jetzt die Bindekraft des Generationenvertrages unter den sich ändernden demographischen und gesellschaftlichen, vor allem aber den Beschäftigungsbedingungen.

Das unterscheidet die Gegenwart von der jüngeren Vergangenheit. Bis vor einigen Jahren waren die Vorteile öffentlicher Transfers offenkundig.[38] Vor allem konnten sie nach den kriegs- und nachkriegsbedingten Zusammenbrüchen alternativer Formen der Teilhabe Nicht-mehr-Aktiver an der Wertschöpfung fast aus dem Stand in Gang gesetzt werden. Öffentliche Transfers können gegebenenfalls innerhalb von Wochen fließen. In diesem Punkt sind sie jeder anderen Teilhabeform

---

Schaubild 6 und Kommission für Zukunftsfragen (1996), Teil I, Ziffer 4.21.

35 Hierzu gehören verstärkte Kontrollen von Schwarzarbeit sowie die Einbeziehung von Scheinselbständigen in die gesetzliche Rentenversicherung. Seit dem 1. Januar 1999 sind scheinselbständig Beschäftigte und arbeitnehmerähnliche Selbständige in der Regel versicherungspflichtig.

36 Grundsätzlich ist der Generationenvertrag ein Vertrag zwischen drei Parteien: den Aktiven und den Nicht-mehr-Aktiven sowie den Aktiven und den Noch-nicht-Aktiven. Die gesetzliche Rentenversicherung regelt nur die Beziehung zwischen ersteren. Insofern ist sie kein echter Generationenvertrag, obwohl dies insbesondere von den Politikern immer wieder behauptet wird.

37 Vgl. Ziffer 2.41.

38 Vgl. Ziffer 2.22.2.

überlegen. Ferner können sie rasch an veränderte Bedingungen wie der Zu- oder Abnahme der wirtschaftlichen Leistungskraft oder an veränderte Bedürfnisse wie der Notwendigkeit einer Pflegefinanzierung angepaßt werden. Aus dem gleichen Grund sind sie jedoch umgekehrt leicht manipulierbar. Wie die Erfahrung zeigt, hat der Gesetzgeber den Strom öffentlicher Transfers - gleichgültig ob steuer- oder beitragsfinanziert - immer wieder nach Belieben verändert.[39] Ähnlich ambivalent sind alle weiteren Charakteristika öffentlicher Transfers, obwohl es hier zwischen steuer- und beitragsfinanzierten gewisse Unterschiede gibt.

So bewirkt die breite Risikostreuung vor allem der steuer- aber auch der beitragsfinanzierten Transfers, die wesentlich zu deren Verläßlichkeit beiträgt, gleichzeitig die völlige Anonymität zwischen Aktiven und Nicht-mehr-Aktiven. Das kann gewollt sein.[40] Doch kann es auch die Anreize mindern, zur Finanzierung der Transfers beizutragen. Niemand trägt unmittelbare Verantwortung. Das gilt besonders, weil erbrachte und empfangene Leistungen zeitlich weit auseinander liegen und deshalb nur sehr mittelbar miteinander in Bezug gesetzt werden können. Bis zum Transferbeginn weiß der einzelne nur vage, was er zu erwarten hat. Diese Abstraktheit der Ansprüche, sofern überhaupt von Ansprüchen gesprochen werden kann,[41]

---

39 So zuletzt im Gesetz zu Korrekturen in der Sozialversicherung und zur Sicherung der Arbeitnehmerrechte vom 19. Dezember 1998, in dem eine Reihe von Leistungseinschränkungen durch das Rentenreformgesetzes (RRG) 1999 wieder zurückgenommen wurde.

40 Vgl. Ziffer 1.11.

41 Der Renten"anspruch" ist juristisch betrachtet ein Recht sui generis, das dann entsteht, wenn von einem mehraktigen Entstehungstatbestand so viele Erfordernisse (z.B. Beitragszahlungen, Jahre

wird noch dadurch verstärkt, daß diese - abgesehen von der Hinterbliebenenversorgung - nicht übertragbar sind. Damit sind sie für den einzelnen nur wenig faßbar.

Ein weiteres Wesensmerkmal öffentlicher Transfers sind die gewollten Umverteilungswirkungen, die jede Solidargemeinschaft auszeichnen. Diese Wirkungen sind besonders augenfällig bei den steuerfinanzierten Transfers, die von allen aufgebracht, aber nur von wenigen empfangen werden. Aber auch die beitragsfinanzierten Transfers dienen in erheblichem Umfang sozialer Umverteilung. Wer sehr alt oder in jungen Jahren erwerbsunfähig wird, profitiert vom frühen Tod anderer Beitragszahler. Wer Witwe und Waisen hinterläßt, erhält für seine Leistungen eine höhere Gegenleistung als der Alleinstehende usw. Aber selbst wenn diese Voraussetzungen gleich sind, wird zwischen denen umverteilt, die während einer langen Zeit hohe Beiträge und denen, die während einer kurzen Zeit niedrige Beiträge gezahlt haben.[42] Insgesamt wird schätzungsweise ein Drittel der beitragsfinanzierten Transfers im Rahmen der GRV für Zwecke des Solidarausgleichs benötigt.[43] Das heißt umgekehrt, daß nur zwei Drittel der Beitragsleistungen in entsprechenden Rentenleistungen ihren Niederschlag finden.[44] Auch die beitragsfinanzierten Transfers sind damit nur bedingt leistungsbezogen.

---

der Erwerbstätigkeit) erfüllt sind, daß von einer Rechtsposition gesprochen werden kann (BGH 49, 201).

42 Vgl. Glismann, H.H. / Horn, E.-J. (1995), S. 336f.

43 Es handelt sich um eine versicherungsmathematisch nicht genau quantifizierbare Umverteilung, z.B. von Männern zugunsten von Frauen oder lediger zugunsten verheirateter Versicherter. Vgl. auch Ziffer 2.5 und 4.2.

44 Dies bedeutet allerdings nicht, daß diese Rentenleistungen den Beitragsleistungen versicherungsmathematisch entsprechen.

Zu den Charakteristika öffentlicher Transfers zählt ferner ihre hochgradige Abhängigkeit von Bevölkerungsaufbau und Arbeitsmarkt. Allerdings ist diese Abhängigkeit bei den beitragsfinanzierten Transfers in ihrer derzeitigen Organisationsform[45] im Rahmen der gesetzlichen Rentenversicherung noch ungleich höher als bei den steuerfinanzierten. Bei den beitragsfinanzierten Transfers stehen sich nämlich aktive und nicht mehr aktive abhängig Beschäftigte zwar als anonyme Kollektive, als solche aber unvermittelt gegenüber. Steigt oder sinkt die Zahl der Aktiven aufgrund von Veränderungen im Bevölkerungsaufbau und/oder Arbeitsmarkt oder nehmen die Erwerbseinkommen zu oder ab, schlägt dies ganz unmittelbar auf die Transfers an die Nicht-mehr-Aktiven durch. Das kann sich positiv auswirken, wenn der Anteil Erwerbstätiger an der Bevölkerung und die Erwerbseinkommen steigen, aber auch negativ, wenn sie fallen. Die öffentlichen Transfers, namentlich die beitragsfinanzierten, reagieren auf derartige Veränderungen äußerst empfindlich.

Diese Abhängigkeit wird betont durch die enge Verknüpfung von öffentlichen Transfers und Nationalstaat. Durch sie zählen im wesentlichen nur die demographischen und wirtschaftlichen Veränderungen des jeweiligen Staates, in dem sie angesiedelt sind. Auch das wirkt ambivalent. Sind in einem Staat die Bedingungen für die Aufbringung öffentlicher Transfers günstig, können sie reichlich fließen. Verschlechtern sie sich jedoch, ist es kaum möglich, einen Ausgleich zu schaffen.

Die öffentlichen Transfers sind aber nicht nur von solchen objektiven Veränderungen abhängig. Sie bedürfen zugleich der

45 In beitragsfinanzierten Systemen können - wie in der Schweiz in der AHV bei nicht erwerbstätigen Versicherten der Fall - neben Erwerbseinkommen auch andere Einkommensarten zur Beitragszahlung herangezogen werden. Vgl. Brombacher-Steiner, V. (1998), S. 433.

subjektiven Bereitschaft der Aktiven - und hierin ähneln sie abermals den privaten Transfers -, sie zu erbringen. Dafür muß den Aktiven der Aufwand für die Nicht-mehr-Aktiven wirtschaftlich und sozial einsichtig sein. Wirtschaftliche Einsichtigkeit bedeutet, daß es keine ökonomisch effizienteren Wege gibt, die Teilhabe Nicht-mehr-Aktiver an der Wertschöpfung zu organisieren. Soziale Einsichtigkeit bedeutet unter anderem, daß dem Gebot der Generationengerechtigkeit Rechnung getragen wird. Keine Generation kann von einer anderen erwarten, daß diese unbillige Lasten auf sich nimmt, um sie zu versorgen. Verlieren die öffentlichen Transfers diese Einsichtigkeit, zerbricht der Generationenkonsens, und der Transferstrom wird schmaler oder versiegt ganz. Diese Gefahr ist bei öffentlichen Transfers latent immer vorhanden. Sie stehen und fallen mit dem Willen, sie zu schaffen und aufrechtzuerhalten.

1.2 Teilhabe durch Vermögen

1.21 Private Vermögen

Ähnlich wie private und steuerfinanzierte öffentliche Transfers reicht die Teilhabe Nicht-mehr-Aktiver an der Wertschöpfung durch Einkommen aus privatem Vermögen bzw. dessen Verzehr weit in die Geschichte zurück. Vermögen ergänzte häufig private Transfers, mitunter ersetzte es sie auch. Hieran hat sich bis heute wenig geändert, auch wenn an die Stelle privater ganz überwiegend öffentliche Transfers getreten sind. Für Selbständige ist Vermögen unverändert die wichtigste Form der Teilhabe an der Wertschöpfung.[46]

Dabei ist zwischen zwei Vermögensarten zu unterscheiden, deren Übergänge allerdings fließend sind: produktivem und

46 Vgl. Ziffer 2.31.

sonstigem Vermögen. Produktives Vermögen ist beispielsweise nutzbarer Boden, ein Handwerksbetrieb, der good will einer Firma oder Aktien und GmbH-Anteile. Zum produktiven Vermögen kann aber auch Geld gerechnet werden, das private Haushalte für produktive Zwecke zur Verfügung stellen. Zu nennen sind hier namentlich Betriebsrentenansprüche[47]. Sonstiges Vermögen sind demgegenüber Möbel, Kunstwerke und ähnliches.

Eine Besonderheit des produktiven Vermögens ist, daß es - anders als Transfers und sonstiges Vermögen - nicht nur Teilhabe an der Wertschöpfung ermöglicht, sondern selbst zu dieser beiträgt. Der Nicht-mehr-Aktive, der über Produktivvermögen verfügt, ist also nicht wirklich inaktiv. Ihn unterscheidet vom Aktiven nur, daß sein Beitrag zur Wertschöpfung nicht in Erwerbsarbeit besteht. Doch beteiligt er sich genau wie jener an der Bereitstellung von Gütern und Diensten. Denn ohne das von ihm zur Verfügung gestellte produktive Vermögen könnte die Wertschöpfung nicht in der Weise erfolgen, in der sie erfolgt. Für Eigner von produktivem Vermögen hat mithin die Unterscheidung zwischen Aktiven und Nicht-mehr-Aktiven nur begrenzte Bedeutung.

Das gilt nicht für jene, die Einkommen aus sonstigem Vermögen ziehen oder es verwerten. Dafür ist nämlich erforderlich, daß Dritten, in der Regel Aktiven, Rechte an dem Vermögen eingeräumt werden. Dafür gewähren diese die Teilhabe an der Wertschöpfung. Zwischen Aktiven und Nicht-mehr-Aktiven findet also eine Art Tausch[48] statt: frische Brötchen,

---

47 Hierzu gehören Direktzusagen mit Pensionsrückstellungen, Pensionskassen und Unterstützungskassen.

48 Bei diesem "Tausch", der kein Tausch im juristischen Sinn ist, kann es sich um ein Geschäft unter Lebenden oder von Todes wegen handeln. Im letzteren Fall wird der Nicht-mehr-Aktive am

elektrische Energie, ärztliche Versorgung oder Theaterbesuche Zug um Zug gegen die Übertragung oder Nutzung von Vermögen.

Diese Form der Teilhabe ist für Aktive wie Nicht-mehr-Aktive wesentlich faßbarer als die Teilhabe durch Transfers, namentlich öffentliche Transfers. Die Generationen begegnen einander in einem unmittelbaren, sinnlich wahrnehmbaren Austauschverhältnis, in dem beide Seiten etwas leisten. Das erhöht für die Jungen den Anreiz, die Alten zu versorgen. Sie erwerben dadurch konkrete Eigentumstitel. Bei der Gewährung von Transfers erwächst ihnen hingegen nur die mehr oder minder begründete Hoffnung, dereinst auch einmal Transfers zu erhalten.

Das heißt nicht, daß bei der Teilhabe der Nicht-mehr-Aktiven durch Vermögen der Aufwand für die Aktiven geringer wäre als bei ihrer Teilhabe durch Transfers. Beide Teilhabeformen unterscheiden sich jedoch darin, daß bei der Teilhabe durch Vermögen Leistung und Gegenleistung von den betroffenen Parteien zeitgleich erbracht werden. Die Aktiven erhalten das Vermögen der Nicht-mehr-Aktiven, und diese verbrauchen das ihnen Zugeflossene. Letzteres geschieht auch bei der Teilhabe durch Transfers. Nur steht die Gegenleistung noch aus. Sie wird von der nachwachsenden Generation, den heute Noch-nicht-Aktiven, erwartet.

Durch die enge Verknüpfung von Leistung und Gegenleistung ist bei der Teilhabe durch Vermögen - anders als bei der Teilhabe durch Transfers - sichergestellt, daß keine Generation überfordert wird. Die Alten können die Jungen nur insoweit beanspruchen, als sie Vermögen gebildet haben, das für die Jungen von Wert ist. Bei der Teilhabe durch Transfers stellen

---

Volkseinkommen beteiligt, weil er zusichert, sein Vermögen in bestimmter Weise zu vererben.

sie hingegen einen Wechsel aus, der - nach ihrem Tod - von den dann Aktiven eingelöst werden soll. Ob und in welchem Umfang diese das tun werden, ist ungewiß. Die Teilhabe durch Vermögen ist aber nicht nur im Verhältnis der Generationen zueinander, sondern auch individuell besonders leistungsgerecht. Wer während seiner aktiven Phase ein größeres Vermögen gebildet hat als ein anderer, kann als Nicht-mehr-Aktiver in größerem Umfang an der Wertschöpfung teilhaben.

Ein weiterer Vorzug dieser Teilhabeform ist, daß sie die Aktiven stärker motiviert, die Nicht-mehr-Aktiven zu versorgen als die Erwartung, die Nachwachsenden werden ihnen eines Tages ihren Aufwand für die Alten lohnen. Die Bevölkerung will nämlich Vermögen bilden. Der Erwerb und die Mehrung von Vermögen haben einen hohen individuellen und gesellschaftlichen Rang.[49] Das zeigen das Sparverhalten und die Vermögensbildung breiter Bevölkerungsschichten.[50] Die Aktiven sind also durchaus geneigt, Vermögen gegen Wertschöpfung zu tauschen. Das gilt besonders, da privates Vermögen dem einzelnen konkret zurechenbar ist und von ihm gestaltet und übertragen werden kann. Privates Vermögen eröffnet Räume für menschliche Phantasie und Aktivität. Hinzu kommt,

---

49 Dies gilt insbesondere für Haus- und Grundvermögen. Auf die Frage, was im Leben für besonders erstrebenswert gehalten wird, folgt "eigenes Haus" mit 77 vH der Nennungen hinter "Familie mit Kindern" an zweiter Stelle. Vgl. Meinungsforschungsinstitut Dimap (1998), zitiert nach Welt am Sonntag vom 27. Dezember 1998, S. 7.

50 1997 sparte jeder Haushalt im Durchschnitt rund 11 vH seines Einkommens oder 575 DM im Monat. Beim Selbständigenhaushalt betrug die monatliche Ersparnis 1020 DM, beim Arbeitnehmerhaushalt immerhin noch 650 DM. Vgl. Bedau, K.-D. (1998a), S. 543.

daß es insgesamt seit langem ertragreicher ist als Erwerbsarbeit.[51]

Volkswirtschaftlich hat eine verstärkte Vermögensbildung den Vorteil, daß durch sie Investitionen und dadurch die Dynamik der Volkswirtschaft erhöht werden können. Die zu verteilende Menge von Gütern und Dienstleistungen kann also wachsen.[52] Auch läßt sich diese Teilhabeform leichter als die Teilhabe durch Transfers gegen Folgen starker Veränderungen im Bevölkerungsaufbau abschirmen, da sich einzelne Vermögensarten auch außerhalb der Landesgrenzen anlegen lassen. Vor allem Geldvermögen können besonders dynamischen Volkswirtschaften zugeführt werden und dadurch überdurchschnittliche Renditen erzielen. Zugleich ist diese Teilhabeform weniger anfällig gegen Strukturveränderungen des Arbeitsmarktes.[53]

Diesen Vorzügen der Teilhabe an der Wertschöpfung durch Vermögen steht allerdings eine Reihe von Nachteilen gegenüber. So ist der Aufbau eines größeren Vermögens für den einzelnen zumeist recht zeitaufwendig. Da er Jahrzehnte in Anspruch nehmen kann, muß mit ihm in jungen Jahren begonnen werden. In dieser Lebensphase fehlt aber mitunter die Bereitschaft, spürbaren Konsumverzicht zu üben. Dieser Langfristigkeit ist überdies zuzuschreiben, daß Anpassungen an veränderte Lebensumstände, wie außergewöhnlicher Pflegebedarf oder eine nicht vorhergesehene Zunahme der Lebenserwartung, individuell fast unmöglich, aber auch kollektiv, z. B. im Rahmen von Pflege- und Lebensversicherungen, schwierig sind. Das

---

51 Dies zeigt ein Vergleich des realen Marktzinses und der Wachstumsrate der realen Lohnsumme. Vgl. BMWi (1998), S. 21.

52 Vgl. Neumann, M. (1986), S. 47f., (1997) S. 8f., BMWi (1998), S. 16.

53 Vgl. Ziffer 2.22.3.

gleiche gilt für einen Ausgleich zwischen Starken und Schwachen. Da private Vermögen in der Regel individuelle Leistungsfähigkeit und -bereitschaft widerspiegeln, findet ein Solidarausgleich kaum statt.

Zu den Nachteilen zählt schließlich, daß einzelne Vermögensarten wie Aktien im Wert erheblich schwanken können, bei stark zunehmender Vermögensbildung der Wert von Individualvermögen sinken kann und bei wirtschaftlichen Katastrophen wie Kriegen und dergleichen auch ein Totalverlust möglich ist.

Entscheidend für die Teilhabe an der Wertschöpfung durch Vermögen ist jedoch, daß die Bevölkerung überhaupt in der Lage ist, derartiges Vermögen zu bilden. Bei einem Teil ist das sicher der Fall.[54] Bei vielen konkurrieren jedoch die Finanzierung der öffentlichen Transfers mit der Vermögensbildung oder konkret: öffentliche Abgaben mit privaten Ersparnissen.[55]

1.22 Öffentliche Vermögen

Öffentliche Vermögen in Form staatlich initiierter, organisierter und verwalteter kapitalfundierter Alterssicherungssysteme waren in Deutschland gegen Ende des 19. Jahrhunderts die Antwort des Staates auf die Folgen der Industrialisierung: den Anstieg des alten Bevölkerungsteils, dessen zunehmende Erwerbsunfähigkeit und den Zerfall der Großfamilie. Dabei knüpfte der Staat an das bewährte Instrument privaten Vermögens an, das die Aktiven von jeher veranlaßt hatte, die Nicht-mehr-Aktiven an der Wertschöpfung teilhaben zu lassen, und entwickelte es gemäß der veränderten Bedingungen und Be-

---

54 Vgl. Ziffern 2.14.3 sowie 2.3.

55 Ökonometrische Schätzungen für Deutschland ergeben, daß sich die Sparquote der privaten Haushalte durch das Umlageverfahren um 10 Prozentpunkte verringert. Vgl. Kim, S. (1992), S. 575.

dürfnisse fort.[56] Die wirtschaftlich Schwächsten, Arbeiter und kleine Angestellte, wurden gesetzlich verpflichtet, zusammen mit anderen ein gemeinsames Vermögen anzusammeln, aus dem sie bei Invalidität und im Alter versorgt werden konnten. Die Verpflichtung zur gemeinsamen Vermögensbildung wurde in der Folgezeit auf andere wirtschaftlich schwache Bevölkerungsgruppen ausgedehnt.

Aufgrund der geringen Leistungsfähigkeit der Versicherten, mußte der Staat den Aufbau des Kapitalstocks jedoch fördern. Er tat dies, indem er die gewährten Renten in der Anfangsphase aus Steuermitteln bezuschußte. Faktisch bestanden ein öffentlich kapitalfundiertes Alterssicherungssystem und steuerfinanzierte Transfers nebeneinander. Im Laufe der Zeit trug sich das kapitalfundierte System jedoch selbst. Bei Ausbruch des Ersten Weltkriegs war ein Kapitalstock angesammelt, der mehr als 10 Jahresrentenausgaben entsprach.[57]

Im Ersten Weltkrieg offenbarte das System allerdings seine entscheidende Schwäche: Der Staat bediente sich nach Belieben. Der Kapitalstock schmolz und wurde in der nachfolgenden Inflation zum größten Teil vernichtet. Neben dieser hochgradigen Manipulierbarkeit öffentlicher Vermögen ist ein weiterer Nachteil die Zusammenballung wirtschaftlicher Macht beim Staat. Da öffentliche Vermögen genau wie private arbeiten müssen, um ertragreich zu sein, erhält der Staat einen steuern-

---

56 So wurde bereits 1899 der versicherungspflichtige Personenkreis erweitert und der Begriff der Erwerbsunfähigkeit neu definiert. 1911 wurde dann die Versorgung von Witwen und Waisen an die Invalidenversicherung angegliedert sowie das Versicherungsgesetz für Angestellte beschlossen. Vgl. Frerich, J./Frey, M. (1996), Band 1, S. 114ff.

57 Vgl. auch Anmerkung 25.

den Einfluß auf die Wirtschaft, der weit über seine politischen Instrumente hinausgeht.

Auch deshalb traten 1924 an die Stelle öffentlicher Vermögen beitragsfinanzierte Transfers.[58] Versuche, in der Folgezeit erneut einen Kapitalstock aufzubauen, schlugen im Ergebnis fehl.[59] Gewisse Anklänge an das ursprüngliche Konzept finden sich heute noch in den berufsständischen Versorgungswerken.[60]

1.3 Schlußfolgerungen

Die Funktionsfähigkeit aller Formen der Teilhabe Nicht-mehr-Aktiver an der Wertschöpfung hängt von bestimmten Voraussetzungen ab. Diese Voraussetzungen sind jedoch nicht für alle Formen gleich. So wirken sich der Bevölkerungsaufbau, die Rolle der Erwerbsarbeit im Wertschöpfungsprozeß, Vermögensverhältnisse oder bestimmte gesellschaftliche Bedingungen und Bedürfnisse recht unterschiedlich auf private und öffentliche Transfers sowie private und öffentliche Vermögen aus. Da diese Voraussetzungen ständigem Wandel unterworfen sind, müssen auch die Formen der Teilhabe verändert werden, um die Versorgung Nicht-mehr-Aktiver zu gewährleisten.

---

58 Vgl. Ziffer 1.12.

59 Vgl. Döring, D. (1980), S. 32ff. und 108f. sowie Frerich, J./Frey, M. (1996) Band 1, S. 213ff., 221ff. und 298ff.

60 Die berufsständischen Versorgungswerke sind Sondersysteme, die die Pflichtversorgung der Angehörigen kammerfähiger freier Berufe für den Fall des Alters, der Invalidität und des Todes gewährleisten. Sie werden überwiegend im Kapitaldeckungsverfahren finanziert.

2 Grundlagen der Teilhabeformen verändern sich

2.1 Anteil Nicht-mehr-Aktiver nimmt zu

Von größter Bedeutung für die Teilhabe Nicht-mehr-Aktiver an der Wertschöpfung ist ihr Anteil an der Bevölkerung. Wie Schaubild 1 zeigt, lag in Deutschland die Zahl der über 59jährigen zu Beginn des 20. Jahrhunderts bei reichlich 4 Millionen. Dies entsprach einem Bevölkerungsanteil von knapp 8 vH. Bis zur Jahrhundertmitte hatte sich ihre Zahl verdoppelt und ihr Anteil war bereits auf reichlich 14 vH gestiegen. Rund jeder Siebte gehörte dieser Altersgruppe an. Mittlerweile ist es jeder Fünfte.[61] Bis zum Jahre 2040 wird es voraussichtlich reichlich jeder Dritte sein. Das heißt, im Vergleich zum Beginn des 20. Jahrhunderts wird sich der Anteil von über 59jährigen weit mehr als vervierfachen und gegenüber heute um über zwei Drittel steigen.

Für einen Menschen, der heute mit etwa 40 Jahren in seiner Lebensmitte steht, bedeutet das, daß er Ende der fünfziger Jahre noch in eine recht junge Bevölkerung hineingeboren wurde. Knapp ein Drittel war damals jünger als 20 und nur rund ein Sechstel älter als 59 Jahre. Der Anteil Junger war also annähernd doppelt so groß wie der Anteil Alter. Heute halten sich Junge und Alte mit einem Anteil von jeweils reichlich einem Fünftel noch in etwa die Waage. Gegen Ende der dreißiger Jahre des 21. Jahrhunderts, wenn der heute 40jährige alt geworden sein wird, wird der Anteil der unter 20jährigen jedoch auf knapp ein Sechstel zurückgegangen und jener der über

61 In den übrigen EU-Ländern liegt derzeit der Anteil über 59jähriger ebenfalls bei durchschnittlich einem Fünftel.

Schaubild 1: Altersstruktur der Bevölkerung in Deutschland 1900-2050

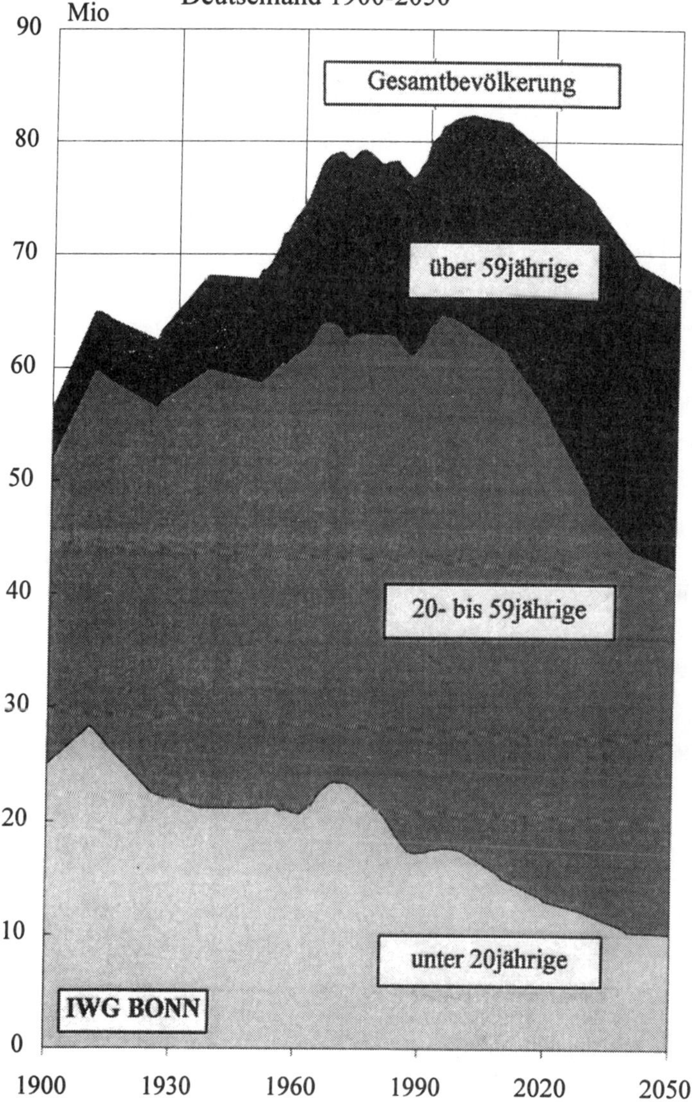

Quellen: Statistisches Bundesamt, Bundesminsterium des Innern

59jährigen auf reichlich ein Drittel gestiegen sein. Das zahlenmäßige Verhältnis von jung zu alt wird sich damit im Laufe seines Lebens recht genau umkehren. Eine solche Umkehrung des Altersgefüges hat es noch nie gegeben.[62]

Diese Umkehrung hat Rückwirkungen auch auf das zahlenmäßige Verhältnis der 20- bis 59jährigen - den in der Regel im Erwerbsleben Aktiven - zu den über 59jährigen Nicht-mehr-Aktiven. Wie aus Schaubild 2 hervorgeht, lag dieses Verhältnis in Deutschland bis in die zwanziger Jahre des 20. Jahrhunderts bei 6 zu 1. Bis zu den fünfziger Jahren verringerte es sich auf 4 zu 1. Gegenwärtig beträgt es 2,6 zu 1. Um 2040 wird es voraussichtlich bei 1,3 zu 1 liegen. Die Gruppe der Aktiven und der Nicht-mehr-Aktiven wird sich mithin binnen vierzig Jahren zahlenmäßig stark annähern. Auch bezogen auf die 20- bis 59jährigen wird es dann viermal so viele über 59jährige geben wie in der ersten Hälfte des 20. Jahrhunderts und fast doppelt so viele wie derzeit. Eine derartige Verschiebung im zahlenmäßigen Verhältnis von Aktiven und Nicht-mehr-Aktiven hat ebenfalls keine historische Parallele. Deutschland ist von dieser Entwicklung besonders betroffen. Doch sind - wie Schaubild 2 zeigt - ähnliche Trends mit einiger zeitlicher Verzögerung[63] in allen frühindustrialisierten Ländern[64] zu beobachten. Sie haben drei Ursachen:

- der Rückgang der Geburtenrate,
- der Anstieg der Lebenserwartung,
- die Verkürzung der Lebensarbeitszeit.

---

62 Dies gilt nicht nur für Deutschland, sondern europaweit.

63 So wird beispielsweise in den USA das gegenwärtige deutsche Verhältnis von Aktiven zu Nicht-mehr-Aktiven erst in reichlich 20 Jahren erreicht sein.

64 Dazu gehören im wesentlichen die Länder der OECD mit Ausnahme von Mexiko und den mittel- und osteuropäischen Staaten.

Schaubild 2: Soziallastquoten in Deutschland und der übrigen EU 1900-2050

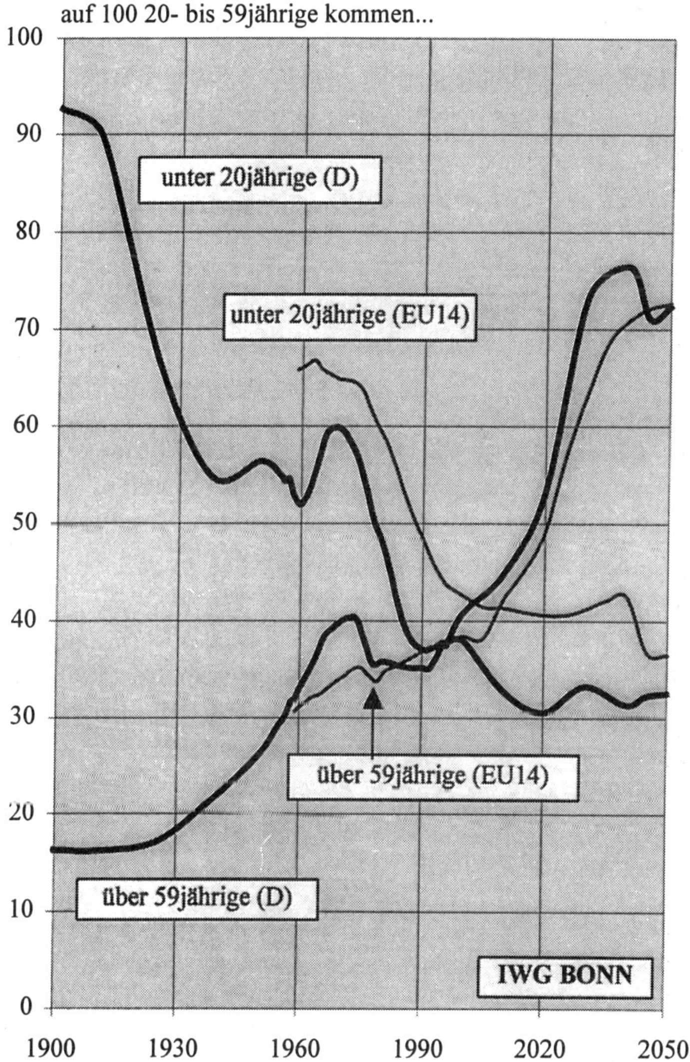

Quellen: Statistisches Bundesamt, Bundesministerium des Innern

2.11 *Rückgang der Geburtenrate*

Wesentlich für die Zunahme des Anteils der über 59jährigen an der Bevölkerung ist der Rückgang der Geburtenrate,[65] namentlich in der Europäischen Union und hier wiederum in Deutschland. Wie Schaubild 3 zeigt, hat dieser Rückgang eine lange Geschichte. In Deutschland ersetzt sich die Elterngeneration schon seit den zwanziger Jahren nicht mehr in der Zahl ihrer Kinder. In der EU gilt das seit den siebziger Jahren.[66] Gegenwärtig ist in der EU einschließlich Deutschland die Kindergeneration zahlenmäßig ein Drittel kleiner als die Elterngeneration. Drei Erwachsene im zeugungs- und gebärfähigen Alter ziehen nur noch zwei Kinder auf.

Damit wachsen der Gruppe der Aktiven deutlich weniger Menschen zu als aus ihr ausscheiden. In Deutschland beispielsweise treten allein zwischen 1995 bis 2000 nur etwa 4,4 Millionen von den unter 20jährigen in die Aktiven-Gruppe über, während knapp 6 Millionen aus der Aktiven-Gruppe in die Gruppe der über 59jährigen wechseln. Dadurch schmilzt die Zahl der Aktiven um 3,4 vH, und die Zahl der Nicht-mehr-Aktiven schwillt um knapp 9,2 vH an.

Dieser Trend wird anhalten, solange die Geburtenrate auf ihrem derzeitigen Niveau verharrt. Aber selbst wenn sie wieder stiege, würde es zwei Jahrzehnte dauern, ehe die ersten stärkeren Jahrgänge das Aktivenalter erreichten. Dabei müßte die

---

65 Zahl der Lebendgeborenen pro gebärfähiger Frau.

66 Indikator hierfür ist die Nettoreproduktionsrate (NRR), die angibt, inwieweit unter bestimmten Geburts- und Sterblichkeitsverhältnissen eine Frauengeneration durch ihre Töchter ersetzt wird. Eine Rate unter 1 bedeutet, daß weniger Töchter geboren werden als zur Bestandserhaltung der Bevölkerung notwendig sind.

Schaubild 3: Geburtenrate in Deutschland und der EU 1880-2000

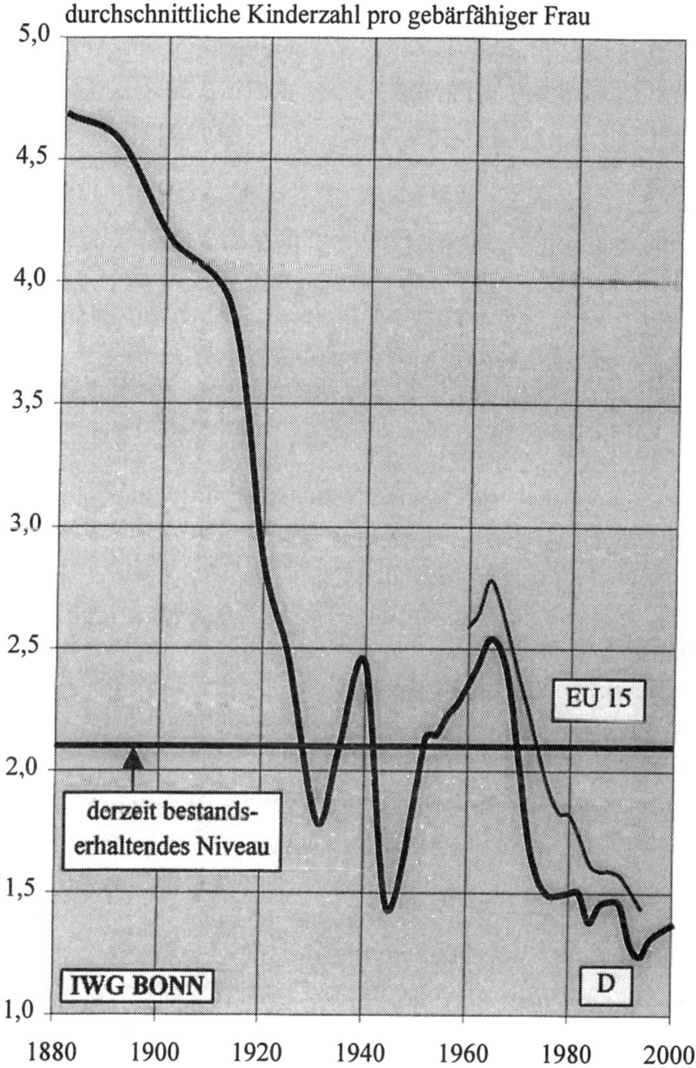

Quellen: Statistisches Bundesamt, Eurostat

Geburtenrate gegenüber den zurückliegenden 30 Jahren um etwa 50 vH steigen, um Verschiebungen im zahlenmäßigen Verhältnis von Aktiven und Nicht-mehr-Aktiven zum Stillstand zu bringen. An die Stelle der seit geraumer Zeit vorherrschenden Ein-Kind-Familie müßte wieder die Zwei-Kind-Familie treten, und auch der Anteil von Drei- und Vier-Kind-Familien müßte deutlich zunehmen. Eine künftige Aktivengeneration müßte also bereit sein, nicht nur eine hohe Alten-, sondern gleichzeitig auch eine - im Vergleich zu den zurückliegenden Jahrzehnten - hohe Kinderlast zu tragen. Das aber entspricht nicht den Präferenzen individualistischer Gesellschaften, wie sie sich in den frühindustrialisierten Ländern gebildet haben.[67] Solange solche Gesellschaften prägend sind, kann deshalb davon ausgegangen werden, daß die Geburtenrate nicht substantiell steigen wird. Von daher sind kaum Veränderungen im zahlenmäßigen Verhältnis von jung zu alt und von Aktiven zu Nicht-mehr-Aktiven zu erwarten.

Das ist allenfalls durch eine verstärkte Zuwanderung möglich. Nur müßten die Zuwanderer in einem sehr jugendlichen Alter nach Deutschland und in die Europäische Union kommen. Anderenfalls würden sie - je nach Lebensalter - die Gruppe der unter 20- und der 20- bis 59jährigen unterproportional, die Gruppe der über 59jährigen jedoch nach einiger Zeit überproportional vergrößern. Da eine derartig selektive Zuwanderung von Kindern und Jugendlichen jedoch wirklichkeitsfremd ist, kann die Bevölkerung durch Zuwanderer auf längere Sicht - wenn überhaupt - nur in begrenztem Umfang verjüngt werden.

Der Anteil der über 59jährigen an der Bevölkerung wird daher in Deutschland bis zum Jahre 2040 kräftig steigen und weit darüber hinaus auf historisch hohem Niveau bleiben.

---

67 Vgl. Miegel, M./Wahl, S. (1998), S. 41ff.

2.12 Anstieg der Lebenserwartung

Die Zunahme des alten Bevölkerungsteils ist um so zuverlässiger als zugleich mit dem Rückgang der Geburtenrate die Lebenserwartung steigt. Dabei ist zwischen den verschiedenen Altersgruppen zu unterscheiden.

Im 19. Jahrhundert begann zunächst die Säuglingssterblichkeit zu sinken. Entsprechend erhöhte sich der Anteil der unter 20jährigen. Von den 20jährigen erreichten zu Beginn des 20. Jahrhunderts aber erst 62 vH der Männer und 69 vH der Frauen das 60. Lebensjahr. In den dreißiger Jahren waren diese Anteile auf knapp 76 bzw. reichlich 79 vH gestiegen. Gegenwärtig liegen sie bei knapp 86 bzw. 93 vH.[68] Aufgrund dieses Anstiegs erhöhte sich auch die Zahl der über 59jährigen. Da jedoch zunächst vor allem die Gruppe der 20- bis 59jährigen gestärkt wurde, veränderte sich das zahlenmäßige Verhältnis von Aktiven und Nicht-mehr-Aktiven nur mäßig.

Anders wirkte der nachfolgende Anstieg der Lebenserwartung von über 59jährigen. Wie Schaubild 4 zeigt, lebten in Deutschland zu Beginn des 20. Jahrhunderts im statistischen Mittel 60jährige Männer noch rund 13 und Frauen rund 14 Jahre. Bis zur Mitte dieses Jahrhunderts hatte sich die Lebenserwartung der Männer auf etwa 16 und die der Frauen auf reichlich 17 Jahre erhöht. Gegenwärtig leben 60jährige Männer durchschnittlich noch reichlich 18 und Frauen knapp 23

---

68 Vgl. Statistisches Bundesamt (1997), S. 76. Mit 1901/10, 1932/34 und 1993/95 wurden Vergleichsjahre gewählt, bei denen die Wirkungen der beiden Weltkriege auf die Lebenserwartung, namentlich von Männern, relativ gering sind.

Schaubild 4: Lebenserwartung von 60jährigen Männern und Frauen in Deutschland* 1905-2040

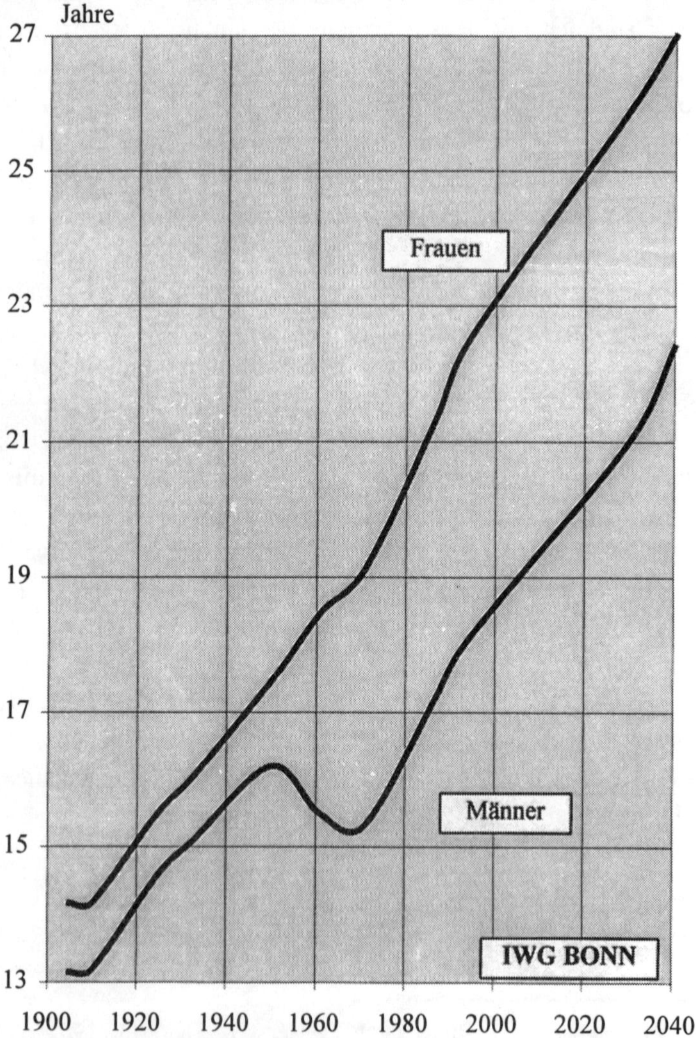

*1950 bis 1990 nur Westdeutschland
Quellen: Statistisches Bundesamt, DIAV (1998)

Jahre.[69] Dabei ist im Gegensatz zur Zunahme der Lebenserwartung der unter 60jährigen ein Ende dieses Trends vorerst nicht abzusehen. Während nämlich die Lebenserwartung von unter 60jährigen kaum noch erhöht werden kann - eine gewisse Zahl an Todesfällen ist unvermeidlich -, gibt es bei den über 60jährigen noch erhebliche Potentiale.

Das gilt besonders für ein Land wie Deutschland, das bei der Lebenserwartung Älterer im Vergleich zu ähnlich entwikkelten Ländern nur eine mittlere Position einnimmt.[70] Das ist einer der Gründe, warum die Bundesregierung bis zum Jahr 2040 für 60jährige Männer einen Anstieg der Lebenserwartung auf knapp 21 und für Frauen auf knapp 26 Jahre für wahrscheinlich hält.[71] 60jährige Männer und Frauen würden dann im statistischen Mittel 81 bzw. 86 Jahre alt werden. Der Anstieg könnte aber auch noch steiler sein. Wird der Trend der zurückliegenden vierzig Jahre fortgeschrieben, steigt die Lebenserwartung 60jähriger Männer und Frauen auf 22 bzw. 27 Jahre.[72] Aber auch das stellt keine Obergrenze dar. Denn die

---

69 Dies gilt allerdings nur für Westdeutschland. In Ostdeutschland liegt derzeit die Lebenserwartung 60jähriger Männer bei rund 17 und die 60jähriger Frauen bei reichlich 21 Jahren. Allgemein wird angenommen, daß sich die Lebenserwartung in Ostdeutschland dem westdeutschen Niveau bis etwa 2010 angeglichen haben wird.

70 In der Schweiz haben 60jährige Männer und Frauen eine Lebenserwartung von knapp 20 bzw. 24,5 Jahren, in Irland von reichlich 17 bzw. 21,5 Jahren. Vgl. Eurostat (1997), S. 162ff.

71 So im Rentenreformgesetz (RRG) 1999 sowie im Prognos-Gutachten 1998; vgl. Hain, W./Müller, H.-W. (1998), S. 123 und VDR (1998a), S. 27. Dagegen nimmt das Statistische Bundesamt in seiner achten koordinierten Bevölkerungsvorausberechnung an, daß sich die Lebenserwartung ab dem Jahr 2000 nicht weiter erhöht. Vgl. Sommer, B. (1994), S. 497.

72 Vgl. DIAV (1998), S. 16f.

Erhaltung des individuellen Lebens hat in individualistischen Gesellschaften einen hohen, vielleicht sogar den höchsten Rang. Möglicherweise werden deshalb in Zukunft die Anstrengungen zur Lebensverlängerung weiter verstärkt. Sollte es beispielsweise gelingen, Krebserkrankungen künftig noch effektiver zu behandeln, könnte dies die Lebenserwartung zusätzlich um zwei bis drei Jahre verlängern.

2.13 Verkürzung der Lebensarbeitszeit

Die Zunahme der Lebenserwartung von über 59jährigen bewirkte bislang keine Verlängerung der Lebensarbeitszeit. Im Gegenteil. Aufgrund deutlich längerer Ausbildungszeiten beginnen Menschen ihr Erwerbsleben heute später als vor einigen Jahrzehnten.[73] Zugleich beenden sie es früher.

Bis 1916 lag in Deutschland die gesetzliche Altersgrenze von Männern und Frauen übereinstimmend bei 70 Jahren. Allerdings hatte diese Altersgrenze eher symbolische Bedeutung. Weit mehr als zwei Drittel der Renten wurden nämlich wegen Invalidität oder nach heutigem Sprachgebrauch wegen Erwerbsunfähigkeit zum Teil lange vor diesem Zeitpunkt gewährt.[74]

1913 bzw. 1916 wurde die Altersgrenze - für Männer und Frauen abermals gleich - auf das 65. Lebensjahr vorgezogen.[75]

---

73 So betrug 1996 die Erwerbsquote der 15- bis 20jährigen rund 31 vH. Anfang der sechziger Jahre hatte sie noch bei knapp 80 vH gelegen.

74 Infolgedessen lag 1905 das durchschnittliche Rentenzugangsalter bei 56,3 Jahren; vgl. Ritter, G. (1991), S. 92 sowie Frerich, J./Frey, M. (1996), Band 1, S. 100 und Döring, D. (1980), S. 16f.

75 Beim Versicherungsgesetz für Angestellte, das 1913 in Kraft trat, wurde die Altersgrenze direkt auf 65 Jahre festgesetzt, die Invaliditäts- und Altersversicherung der Arbeiter zog 1916 nach. Vgl. Döring, D. (1980), S. 27 und 31.

Dennoch verminderte sich der Anteil der Renten, der wegen Erwerbsunfähigkeit schon vor Erreichen der Altersgrenze gezahlt wurde, nur auf reichlich die Hälfte.[76] Das durchschnittliche Rentenzugangsalter verschob sich weit weniger als es die Gesetzesänderung hätte erwarten lassen. Ähnliches gilt für die nachfolgenden Rentenreformen, mit denen die Altersgrenze weiter gesenkt wurde.

Seit 1957 können Frauen, Arbeitslose und Bergleute unter bestimmten Voraussetzungen[77] schon vom 60. Lebensjahr an Altersrente beziehen. Da diese Voraussetzungen jedoch vor allem von Frauen oft nicht erfüllt wurden, sank ihr altersbedingter Renteneintritt im Durchschnitt auf nur etwa 63 Jahre.

1972 wurde der Zugang zu Altersrenten auch für Männer erleichtert. Versicherte konnten nunmehr vom 62. bzw. 63. Lebensjahr an in Rente gehen.[78] Ihr altersbedingter Renteneintritt sank daraufhin wie der der Frauen auf etwa 63 Jahre. Männer und Frauen beziehen mithin seit Jahrzehnten im Durchschnitt fast gleich vom 63. Lebensjahr an Altersrenten. Er-

---

76 Vgl. Frerich, J./Frey, M. (1996), Band 1, S. 109 und 213.

77 Zu diesen Voraussetzungen gehören außer der Erfüllung einer Mindestversicherungszeit von 15 Jahren für Frauen eine überwiegende Berufstätigkeit während der letzten 20 Jahre sowie für Arbeiter eine mindestens einjährige Arbeitslosigkeit. Für 60jährige Angestellte, die mindestens ein Jahr arbeitslos waren, galt dies schon seit 1929. Vgl. Döring, D. (1980), S. 32 und 45ff. sowie § 38 und § 39 SGB VI.

78 Mit mindestens 35 Versicherungsjahren konnten Behinderte, Berufs- und Erwerbsunfähige ab dem 62. Lebensjahr, alle übrigen Versicherten ab Vollendung des 63. Lebensjahres ein vorgezogenes Altersruhegeld beantragen. Vgl. Frerich, J./Frey, M. (1996), Band 1, S. 54. Für Schwerbehinderte sowie Berufs- und Erwerbsunfähige wurde die Altersgrenze 1979 auf 61 und 1980 auf 60 Jahre heruntergesetzt. Vgl. Döring, D. (1980), S. 53.

werbsunfähigkeitsrenten beziehen demgegenüber Männer im Durchschnitt vom 54. und Frauen vom 52. Lebensjahr an.[79]

Insgesamt hat sich das durchschnittliche Rentenzugangsalter - sei es aus Gründen der Erwerbsunfähigkeit oder des Alters - seit Jahrzehnten kaum verändert. Seit 1957 liegt es - für Männer und Frauen zusammengefaßt - sehr stabil bei etwa 60 Jahren.[80] Damit bezogen die Menschen in der zweiten Hälfte des 20. Jahrhunderts trotz gestiegener Lebenserwartung etwas früher Rente als in der ersten, obwohl auf lange Sicht die Verschiebungen recht mäßig sind.

Nach dem gegenwärtigen Gesetzesstand sollen ab 2002 Altersrenten - wie bereits zwischen 1916 und 1957 bzw. 1972 - für Männer und Frauen wieder unterschiedslos vom 65. Lebensjahr an gewährt werden.[81] Dies dürfte zu einem gewissen Anstieg des durchschnittlichen Rentenzugangsalters führen. Wie groß dieser Anstieg letztlich sein wird, hängt ab von der Entwicklung des Anteils von Erwerbsunfähigkeitsrenten sowie den effektiven Beschäftigungsmöglichkeiten. In vielen Berufen, vor allem solchen, die schwere körperliche Arbeit erfordern, dürfte eine Verschiebung des Rentenalters weit über das 60. Lebensjahr hinaus wenig realistisch sein.

---

79 Dies wird nicht zuletzt auch durch die Lage auf dem Arbeitsmarkt beeinflußt.

80 1997 lag es im gesamtdeutschen Durchschnitt bei 59,2 Jahren. In Ostdeutschland betrug es aufgrund der angespannten Arbeitsmarktsituation knapp 58 Jahre. Vgl. VDR (1998b), S. 65.

81 Nach dem RRG 1999 werden ab 1997 bzw. 2000 die vorzeitigen Altersgrenzen schrittweise auf einheitlich 65 Jahre heraufgesetzt. Unter Inkaufnahme von Rentenabschlägen können Renten auch weiter vom 60. bzw. 63. Lebensjahr an in Anspruch genommen werden. Der Rentenabschlag beträgt 0,3 vH der Rente pro Monat.

Hinzu kommt, daß die deutliche Mehrheit der Bevölkerung keinen im Vergleich zu heute deutlich späteren Rentenbeginn wünscht.[82] Bei guter Gesundheit keiner Erwerbsarbeit mehr nachgehen zu müssen, ist für viele ein erstrebenswertes Ziel. Eine ausgedehnte Lebensphase nach der Erwerbsarbeit gilt verbreitet als gesellschaftlicher Fortschritt.[83] Möglicherweise wird diese Sichtweise von der Tatsache beeinflußt, daß immerhin jeder 11. Mann und jede 25. Frau zwischen dem 60. und 65. Lebensjahr und sogar jeder 5. Mann und jede 10. Frau zwischen dem 60. und 70. Lebensjahr versterben. Eine deutliche Heraufsetzung des Rentenzugangsalters würde deshalb für viele bedeuten, daß sie - wie viele Menschen im 19. Jahrhundert - mehr oder minder bis zu ihrem Tod arbeiten müßten. Das wird von vielen nicht gewollt.

2.14 Wirkungen der Zunahme des Anteils Nicht-mehr-Aktiver auf die Teilhabeformen

Die Veränderungen im Bevölkerungsaufbau erfordern, daß den Nicht-mehr-Aktiven ein wachsender Anteil an der Wertschöpfung zufließt. Anderenfalls sinkt ihr Lebensstandard. Das verdeutlichen folgende Zahlen: Wird unterstellt, daß über 59jährige mit 70[84] und unter 20jährige mit 30 vH der verfüg-

---

82 1995 lehnte die Mehrheit der Bevölkerung in Deutschland eine Verlängerung der Lebensarbeitszeit ab. Dabei war die Ablehnung in Ostdeutschland noch deutlich ausgeprägter als in Westdeutschland. Vgl. Infratest Burke Kommunikationsforschung GmbH (1998), S. 24.

83 Frühzeitiger Ruhestand wird von der Mehrheit der Bevölkerung als erstrebenswert angesehen. Vgl. Noelle-Neumann, E./Köcher, R. (1997), S. 187.

84 Dies dürfte eine realistische Annahme sein, da auch die gesetzliche Rentenversicherung so konzipiert ist, daß eine lebensstandardsichernde gesetzliche Altersrente nach 45 Versicherungsjah-

baren Einkommen von 20- bis 59jährigen den gleichen Lebensstandard wie letztere genießen, haben derzeit Aktive - wie Tabelle 1 zeigt - einen Anteil an der Wertschöpfung von knapp drei Viertel, Nicht-mehr-Aktive von knapp einem Fünftel und Noch-nicht-Aktive von etwa einem Zwölftel.[85] Bliebe der relative Lebensstandard dieser drei Gruppen gleich, müßte aufgrund des sich ändernden Bevölkerungsaufbaus bis 2040 der Anteil der Aktiven an der Wertschöpfung auf reichlich drei Fünftel sinken und der Anteil der Nicht-mehr-Aktiven auf etwa ein Drittel steigen. Kinder und Jugendliche erhielten nur noch ein Siebzehntel. Der Anteil der Nicht-mehr-Aktiven an der Wertschöpfung stiege also gegenüber heute um reichlich zwei Drittel.

Dieses Ergebnis ist unabhängig von der Form, mit der die über 59jährigen an der Wertschöpfung teilhaben - von der Teilhabe durch Produktivkapital abgesehen.[86] Von der Form hängt jedoch ab, ob und gegebenenfalls in welchem Umfang die Aktiven gegen diese Verschiebungen Widerstand leisten werden oder umgekehrt, welche Anreize ihnen geboten werden, die Nicht-mehr-Aktiven in steigendem Umfang an der Wertschöpfung teilhaben zu lassen. Denn sollten sie hierzu nicht bereit sein, müßte der relative Lebensstandard der Nicht-mehr-Aktiven binnen einer Generation auf etwa 60 vH seines heutigen Niveaus absinken.[87] Das wären statt 70 vH nur reichlich

---

ren bei etwa 70 vH des durchschnittlichen Nettoarbeitsentgelts liegt.

85 Dabei wird auf das gegenwärtige zahlenmäßige Verhältnis von Nicht-mehr-Aktiven und Noch-nicht-Aktiven zu den Aktiven abgestellt. Vgl. Ziffer 2.1.

86 Vgl. Ziffer 1.21.

87 Nicht-mehr-Aktive erhielten dann statt etwa eines Drittels der Wertschöpfung wie derzeit nur knapp ein Fünftel.

40 vH des Lebensstandards eines 20- bis 59jährigen. Die Alten bezögen dann aus allen öffentlichen und privaten Einkommensquellen im Durchschnitt nur die Kaufkraft von Sozialhilfeempfängern.[88]

Tabelle 1: Anteile unter 20jähriger, 20- bis 59jähriger und über 59jähriger an Bevölkerung und Bruttoinlandsprodukt (BIP) 1997 und 2040

	unter 20		20 bis 59		über 59	
Bevölkerungsanteile	vH	Mio	vH	Mio	vH	Mio
1997	21,6	17,7	57,0	46,7	21,4	17,6
2040	15,1	10,4	48,1	33,1	36,8	25,3
BIP-Anteile*	vH		vH		vH	
1997	8,2		72,7		19,1	
2040	5,8		61,4		32,8	

IWG BONN

* Unterstellt ist, daß unter 20jährige 30 vH und über 59jährige 70 vH des durchschnittlichen Pro-Kopf-BIP der 20- bis 59jährigen haben.

Quellen: Statistisches Bundesamt, BMI sowie Berechnungen des IWG BONN

2.14.1 Private Transfers

Die ohnehin nur noch mäßige Bedeutung privater Transfers dürfte durch die zahlenmäßige Zunahme Nicht-mehr-Aktiver weiter zurückgehen. Das gilt zumindest für Transfers im Rahmen des Familienverbandes. Die meisten Familien werden die erforderlichen Transferleistungen nicht erbringen können. Hinzu kommt, daß aufgrund der niedrigen Geburtenrate die Zahl der Menschen wächst, die keine Familie mehr haben, die sie im

88 Dies setzt voraus, daß der relative Abstand zwischen Sozialhilfeniveau und durchschnittlichem Arbeitseinkommen in Zukunft unverändert bleibt.

Alter versorgen könnte.[89] Ob dieser Verlust durch "Wahlverwandtschaften" gemildert oder gar ausgeglichen werden wird ist ungewiß. Nicht auszuschließen ist hingegen der Anstieg privater Transfers im Rahmen wohltätiger Einrichtungen.[90]

2.14.2 *Öffentliche Transfers*

Von allen Gütern und Diensten, die den Nicht-mehr-Aktiven zufließen, werden derzeit schätzungsweise zwei Drittel im Wege öffentlicher Transfers[91] und ein Drittel durch private Vermögen sowie private Transfers übertragen.[92] Für die öffentlichen Transfers wird reichlich ein Viertel aller Staatsausgaben, das entspricht etwa einem Achtel der gesamten Wertschöpfung, aufgewendet.

Sollten öffentliche Transfers ihr relatives Gewicht bei der Versorgung Nicht-mehr-Aktiver beibehalten, müßte aufgrund der Bevölkerungsentwicklung ihr Anteil an den Staatsausgaben bis 2040 auf weit über zwei Fünftel und an der Wertschöpfung

---

89 Bei den Geburtsjahrgängen ab der zweiten Hälfte der fünfziger Jahre liegt der Anteil Kinderloser in Deutschland bei rund einem Viertel. Vgl. Eurostat (1997), S. 122.

90 Vgl. auch Ziffer 2.32.1.

91 Erfaßt sind die Ausgaben der gesetzlichen Rentenversicherung ohne Rehabilitationsmaßnahmen, der Alterssicherung der Landwirte, Pensionen sowie Beihilfen für Versorgungsempfänger, der Zusatzversorgung im öffentlichen Dienst sowie der laufenden Hilfe zum Lebensunterhalt von über 59jährigen im Rahmen der Sozialhilfe. Die Angaben beruhen auf Schätzungen des BMAS für 1997. Danach beliefen sich 1997 die öffentlichen Transfers für Nicht-mehr-Aktive auf rund 465 Mrd. DM bzw. 12,8 vH des BIP. Vgl. auch Ziffern 4.13 und 5.25 sowie BMAS (1998b).

92 Dies entspricht 1997 rund 220 Mrd. DM. Da private Transfers derzeit nur eine geringe Rolle spielen, dürfte sich der Betrag überwiegend aus Vermögenseinkommen und -verzehr zusammensetzen.

auf reichlich ein Fünftel steigen.[93] Das wäre ein höherer Anteil als gegenwärtig den Nicht-mehr-Aktiven durch öffentliche Transfers und private Vermögen insgesamt zufließt. Wird unterstellt, daß andere Staatsausgaben nicht abgebaut werden, müßte die Staatsquote[94] um knapp ein Fünftel von rund 49 vH auf 58 vH zunehmen. Um das zu finanzieren, müßte bei Fortsetzung des derzeitigen Steuer- und Beitragsverhältnisses das Steuer- und Beitragsaufkommen um reichlich ein Fünftel, d.h. die Steuerquote[95] von 21,9 auf 26,8 vH und die Beitragsquote[96] von 19,0 vH auf 23,3 vH steigen. Das bedeutet, daß der Beitragssatz für die gesetzliche Rentenversicherung von heute rund 20 auf rund 33 vH des Bruttoarbeitsentgelts angehoben werden müßte. Die gesamte Beitragsbelastung durch die sozialen Sicherungssysteme erhöhte sich von 42 auf 55 vH, wobei ein wahrscheinlicher Anstieg der Kranken- und Pflegeversicherungsbeiträge[97] noch nicht berücksichtigt ist. Würden auch sie einbezogen, müßte von einer Gesamtbelastung von bis zu 60 vH der Bruttoarbeitsentgelte ausgegangen werden, denen noch erhöhte Steuern hinzuzurechnen wären. Würden alternativ

---

93 Bei Konstanz der Staatsausgaben und des Bruttoinlandsprodukt. Diese Anteile können sich verringern, wenn das durchschnittliche Rentenzugangsalter erhöht wird. Vgl. Ziffern 2.13 und 5.21. sowie Anmerkung 104.

94 Anteil der Staatsausgaben am Bruttoinlandsprodukt. Die Angaben beziehen sich auf 1997.

95 Anteil der Steuereinnahmen der Gebietskörperschaften am Bruttoinlandsprodukt. Die Angaben beziehen sich auf 1997.

96 Anteil der Beiträge zu den Sozialversicherungen am Bruttoinlandsprodukt. Die Angaben beziehen sich auf 1997.

97 Aufgrund des veränderten Bevölkerungsaufbaus, insbesondere des Anstiegs der Lebenserwartung Älterer, ist davon auszugehen, daß die Beiträge zur gesetzlichen Kranken- und Pflegeversicherung künftig steigen werden.

hierzu der Anteil der Abgaben insgesamt am Bruttoinlandsprodukt und mit ihm die Staatsausgaben konstant gehalten, müßten alle sonstigen Ausgaben, z. B. für Schulen und Universitäten, Forschung und Entwicklung, innere und äußere Sicherheit oder Kunst und Kultur, um rund ein Viertel gesenkt werden.

Bliebe aber der Anteil öffentlicher Transfers sowohl an den Staatsausgaben als auch an der Wertschöpfung gegenüber heute unverändert, würde die Teilhabe Nicht-mehr-Aktiver an der Wertschöpfung nicht mehr zu zwei Dritteln, sondern nur noch zu etwa 40 vH über solche Transfers erfolgen. Rund zwei Fünftel dessen, was heute im Wege öffentlicher Transfers übertragen wird, müßte zusätzlich vornehmlich über Vermögen den Nicht-mehr-Aktiven zufließen.[98]

Eine Entwicklung in diese Richtung ist wahrscheinlich, weil sowohl die Erhöhung der Staatsquote um knapp ein Fünftel als auch - alternativ - die Verminderung aller sonstigen staatlichen Leistungen um ein Viertel die Lebenschancen und Entfaltungsmöglichkeit des aktiven Bevölkerungsteils und seiner Kinder unbillig einschränken würde. Die Aktiven dürften hiergegen erheblichen Widerstand leisten. Das gilt selbst dann, wenn die Volkswirtschaft weiter wachsen sollte. Denn die Abgabenbelastung muß sich vor dem Hintergrund eines Weltkapital- und -arbeitsmarktes auch an internationalen Maßstäben orientierten. Überschreitet sie diese, wird die Wettbewerbsfähigkeit der Volkswirtschaft beeinträchtigt. Zugleich drohen Kapitalflucht und Ausweichreaktionen der Bevölkerung, z.B. in noch mehr Schwarzarbeit.[99] Das wiederum schmälert die Abgabenbasis, was zu weiteren Abgabenerhöhungen führt. Um diese volks- und einzelwirtschaftlich schädliche Entwicklung

---

98 Vgl. Ziffer 2.14.3.

99 Vgl. Anmerkung 34.

zu verhindern, dürfen die Abgaben ein bestimmtes Niveau nicht überschreiten.[100]

Dem sollte nicht zuletzt mit einer Reihe von Gesetzen Rechnung getragen werden.[101] Ohne daß dies besondere Publizität erfahren hätte, sinkt nach den Berechnungen der Prognos AG bis 2040 der Anteil an der Wertschöpfung, der den Nicht-mehr-Aktiven durch öffentliche Transfers zufließt, von derzeit zwei Dritteln auf knapp die Hälfte.[102] Damit steigt der Anteil öffentlicher Transfers, trotz stark zunehmenden Altenanteils sowohl an den Staatsausgaben als auch an der Wertschöpfung nur mäßig an. Das heißt zugleich, daß im Zuge der demographischen Veränderungen die relative Bedeutung öffentlicher Transfers bei der Versorgung Nicht-mehr-Aktiver erheblich

100 Eine deutlich niedrigere Abgabenquote als Deutschland weisen beispielsweise die USA mit knapp 30 vH und die Schweiz mit 35 vH des Bruttoinlandsprodukts auf.

101 Hierzu gehören das Rentenreformgesetz 1992, das Wachstumsförderungsgesetz (WFG) von 1996 sowie das Rentenreformgesetz (RRG) 1999, dessen ausgabedämpfenden Wirkungen jedoch durch das Gesetz zu Korrekturen in der Sozialversicherung und zur Sicherung der Arbeitnehmerrechte vom Dezember 1998 zum Teil wieder eingeschränkt wurden.

102 Vgl. Tabelle 7. Zur Ermittlung der Gesamtausgaben der gesetzlichen Alterssicherungssysteme wurden die Prognos-Angaben zu den künftigen GRV-Ausgaben (Mittelwert der oberen und unteren Variante) mit dem Anpassungsfaktor 1,238 auf die Gesamtausgaben der gesetzlichen Alterssicherung hochgerechnet. Prognos kommt damit im Jahr 2040 zu einem durchschnittlichen BIP-Anteil von 15,7 vH. Dieser Anteil müßte bei reichlich einem Fünftel liegen, wenn die öffentlichen Transfers ihr relatives Gewicht bei der Versorgung Nicht-mehr-Aktiver behielten. Vgl. VDR (1998a), S. 55, 80 und 84.

zurückgehen wird. Bleibt es bei dieser Regelung,[103] werden öffentliche Transfers auf mittlere Sicht für die Bevölkerungsmehrheit nur noch eine untergeordnete Rolle spielen. Die Hauptlast ihrer Alterssicherung werden private Vermögen zu tragen haben.

2.14.3 Private Vermögen

Selbst in dem unwahrscheinlichen Fall, daß wie bisher die Teilhabe Nicht-mehr-Aktiver an der Wertschöpfung auch künftig zu zwei Dritteln durch öffentliche Transfers erfolgt, müßten ihnen gegen 2040 reichlich 10 vH aller Güter und Dienste durch Vermögenseinkommen bzw. -verzehr zufließen, wenn ihr Lebensstandard nicht sinken soll.[104] Derzeit liegt dieser Anteil erst bei 6 vH. Realistischerweise dürfte er jedoch auf bis zu 20 vH steigen, sich also gegenüber heute reichlich verdreifachen.[105] Zur Zeit fließen den Nicht-mehr-Aktiven über Vermögen jährlich schätzungsweise 220 Milliarden DM zu.[106] Künftig müßte sich dieser Betrag auf etwa 690 Milliarden DM erhöhen, wobei das zu erwartende Wachstum der Volkswirtschaft noch nicht berücksichtigt ist.

Um eine derartige Teilhabe an der Wertschöpfung zu ermöglichen, müßten die derzeit Aktiven ihre Vermögen kräftig

---

103 Die amtierende Bundesregierung plant für 2000 eine Rentenstrukturreform.

104 Wie aus Tabelle 1 ersichtlich müßte aufgrund des sich ändernden Bevölkerungsaufbaus 2040 den Nicht-mehr-Aktiven etwa ein Drittel des Bruttoinlandsprodukts übertragen werden. Bei schrittweiser Erhöhung des durchschnittlichen Rentenzugangsalters auf 62 Jahre sinkt dieser Anteil auf 29 vH.

105 Bei Berücksichtigung eines Rentenzugangsalters von 62 Jahren müßte der Anteil bis 2040 lediglich auf etwa 16 vH steigen.

106 Die Werte beziehen sich auf 1997 und gehen vom gegebenen Bruttoinlandsprodukt (3.624 Mrd. DM) aus.

aufstocken. Allerdings brauchten sie sie nicht reichlich zu verdreifachen. Die heute Nicht-mehr-Aktiven verzehren nämlich nur einen Teil ihrer Vermögen und leben im übrigen - abgesehen von den ihnen gewährten Transfers - von ihren Vermögenseinkommen. Was sie nicht verzehren, vererben sie - gegenwärtig etwa 245 Milliarden DM jährlich mit stark steigender Tendenz.[107] Würde der alte Bevölkerungsteil 70 vH dieser bislang vererbten Vermögen selbst verzehren, könnte er seine durch Vermögen vermittelte Teilhabe an der Wertschöpfung - modellhaft - um reichlich drei Viertel von 220 auf rund 390 Milliarden DM jährlich erhöhen. Wiederum modellhaft genügt es also, wenn sich die Vermögen in den kommenden 40 Jahren real um rund 80 vH vergrößerten. Das entspräche bei einem durchschnittlichen Wachstum des Bruttoinlandsprodukts von jährlich real 1,5 vH einem Vermögenszuwachs von real knapp 3,0 vH. Das ist weniger als die reale Wachstumsrate privater Vermögen während der zurückliegenden 20 Jahre.[108]

Allerdings dürfte während dieser Zeit das Vermögenswachstum durch die demographische Entwicklung begünstigt worden sein. Denn aufgrund der niedrigen Geburtenrate war der Aufwand der Aktiven für die Nachwachsenden im historischen Vergleich gering. Hätten sie soviele Kinder aufgezogen, wie für die Erhaltung des Bevölkerungsbestandes erforderlich waren, hätten sie seit 1970 etwa 3 Billionen DM[109] zusätzlich

107 Die Zahlen beruhen auf Schätzungen der BBE Unternehmensberatung für 1997. Allerdings bestehen große Unterschiede zwischen West- und Ostdeutschland. Von den 245 Mrd. DM werden rund 94 vH in West- und nur 6 vH in Ostdeutschland vererbt. Vgl. BBE Unternehmensberatung, zitiert nach Der Spiegel (1998), S. 78ff.

108 Vgl. Ziffer 2.31. und Schaubild 10.

109 Dieser Betrag umfaßt private und öffentliche Aufwendungen.

aufwenden müssen, zur Zeit rund 120 Milliarden DM im Jahr.[110] Da sie diesen Betrag nicht in Nachwachsende investierten, stand er ihnen für andere Zwecke zur Verfügung. Ein Teil dürfte gar nicht erst entstanden sein, sich also in Form von Freizeit niedergeschlagen haben. Ein weiterer Teil dürfte in privaten und öffentlichen Konsum geflossen sein. Ein dritter Teil dürfte jedoch zusätzlicher privater Vermögensbildung gedient haben.[111]

Die Bevölkerung hat damit möglicherweise den Geburtenausfall in gewissem Umfang[112] ausgeglichen. Rein wirtschaftlich betrachtet ist das nämlich möglich. Für die Aktiven ist es gleich, ob sie ihre spätere Teilhabe an der Wertschöpfung durch eine ausreichende Zahl von Kindern, das heißt künftigen Arbeitskräften, oder durch Kapital und Wissen sicherstellen. Dabei ist letztere Vorgehensweise mit Blick auf die zahlenmäßig stark zunehmende Weltbevölkerung vermutlich sogar die verläßlichere. Nochmals modellhaft hat ein Paar der aktiven Generation die Wahl, zwei Kinder aufzuziehen oder über seine ohnehin stattfindende Vermögensbildung hinaus ein "Alten-

---

110 Von 1970 bis 1997 wurden insgesamt knapp 10 Millionen Kinder weniger geboren als zur langfristigen Bestandserhaltung der Bevölkerung erforderlich gewesen wären. Pro Kind wird ein jährlicher Aufwand von durchschnittlich 12.000 DM unterstellt. Vgl. auch Hertel, J. (1998).

111 Zwar nahm die Sparquote der privaten Haushalte im genannten Zeitraum geringfügig ab. Fraglich ist jedoch, ob sie bei bestandserhaltenden Geburtenraten nicht deutlicher zurückgegangen wäre.

112 Allerdings gibt es hier Grenzen. Ganz ohne Menschen geht es nicht.

Teilhabevermögen" von einer Million DM aufzubauen.[113] Nur wenn es beides unterläßt, gefährdet es seine spätere Teilhabe an der Wertschöpfung. Anders gewendet: Ein durchschnittlich verdienendes, kinderloses Paar, das am Ende seiner Erwerbsphase nicht wenigstens Vermögensmillionär ist, hat zu wenig investiert oder umgekehrt zu viel konsumiert.

Diese für den Vermögensaufbau demographisch besonders günstige Phase einer niedrigen Kinder- und zugleich noch nicht sehr hohen Altenquote neigt sich - wie aus Schaubild 2 hervorgeht - nunmehr jedoch ihrem Ende entgegen. In wenigen Jahren wird die Versorgung des stark steigenden Altenanteils die Einsparungen bei Kindern und Jugendlichen mehr als aufzehren. Spätestens dann müssen die Aktiven - vorbehaltlich außergewöhnlich dynamischen Wachstums - zusätzlichen Konsumverzicht üben, um ihre lückenhaften Investitionen in Humankapital durch die Bildung von Produktivkapital und sonstigem Vermögen auszugleichen.

Anfangs dürfte dieser Konsumverzicht für viele durch Erbschaften gemildert werden. Mit der wachsenden Notwendigkeit, private Vermögen im Alter zu verzehren, dürften die Erbschaften jedoch zusammenschmelzen. Zugleich ist zu erwarten, daß bei massenhaftem Verzehr von Vermögen deren Wert im Vergleich zu heute sinkt.[114] Auch wenn die Aktiven an der Übernahme der Vermögen der Nicht-mehr-Aktiven interessiert sind,[115] könnte sich der Markt zu einem ausgeprägten Käufer-

113 Dieser Betrag ergibt sich, wenn die durchschnittlichen Aufwendungen, die zwei Kinder erfordern, statt dessen 27 Jahre lang mit 3 vH verzinst werden.

114 Vgl. Miegel, M./Wahl, S. (1998), S. 108 ff.

115 Vgl. Ziffer 1.21.

markt entwickeln. Allerdings kann diese Entwicklung durch die Globalisierung von Vermögensanlagen gedämpft werden.[116]

2.14.4 Öffentliche Vermögen

Für den Aufbau und Verzehr öffentlicher Vermögen gilt unter demographischen Gesichtspunkten grundsätzlich dasselbe wie für private Vermögen.

2.2 Bedeutung der Erwerbsarbeit sinkt

2.21 Gewichte der Produktionsfaktoren verschieben sich

Seit langer Zeit, spätestens aber seit Beginn der Industrialisierung, verschieben sich die Gewichte von Erwerbsarbeit, Kapital und Wissen im Wertschöpfungsprozeß. Der Trend ist eindeutig. Während das Arbeitsvolumen - gemessen in effektiv geleisteten Arbeitsstunden - fast überall zügig zurückgeht, steigt der Einsatz von Kapital und Wissen steil an. So wurden in Westdeutschland zur Schaffung von Gütern und Diensten im Werte von einer Million DM 1960 26 Arbeitskräfte und Produktionsanlagen im Werte von 3,7 Millionen DM benötigt. Im gleichen Geldwert war bis 1996 der Kapitaleinsatz auf 5,2 Millionen DM gestiegen, die Zahl der Arbeitskräfte aber auf 11 gesunken. Der Kapitaleinsatz pro Arbeitskraft hatte sich mithin von 142.000 DM auf 473.000 DM auf das 3,3fache erhöht.[117] Da zugleich die durchschnittliche effektive Jahresarbeitszeit pro Erwerbstätigen von rund 2.160 auf 1.560 Stunden gesunken war, war der reale Kapitaleinsatz pro Stunde sogar annähernd

116 Vgl. BMWi (1998), S. 29 und Neumann, M. (1986), S. 74f.
117 In Preisen von 1991. Vgl. Globus Kartendienst GmbH (1997), Ba-4253.

fünfmal so hoch. Dieser Trend wird sich verstärkt fortsetzen. Denn Erwerbsarbeit kann immer problemloser und umfassender durch Kapital und Wissen ersetzt werden.[118]

Insgesamt hat sich - wie Schaubild 5 zeigt - das Arbeitsvolumen in Westdeutschland[119] - einem breiten internationalen Trend folgend - seit 1955 um rund 40 vH pro Kopf der Bevölkerung vermindert. Allein seit 1970 sank es um rund ein Viertel. Das schlug sich nieder in kürzer werdenden Lebens-, Jahres- und Wochenarbeitszeiten, vor allem aber in der steten Zunahme von Nicht-Normarbeitsverhältnissen wie Teilzeit, geringfügiger Beschäftigung, befristeten Tätigkeiten u.ä.[120] In den sechziger Jahren hatte erst ein Zehntel der abhängig Beschäftigten keinen dauerhaften Vollzeitarbeitsplatz. In den siebziger Jahren - wie Schaubild 6 verdeutlicht - stieg dieser Anteil auf ein Fünftel, in den achtziger Jahren auf ein Viertel und in den neunziger Jahren auf ein Drittel. Im nächsten Jahrzehnt wird voraussichtlich jeder zweite abhängig Beschäftigte keinen Normarbeitsplatz mehr haben.

---

118 Dieser Trend ist in Deutschland besonders ausgeprägt. Umfang und Ursachen der zunehmenden Ersetzung von Erwerbsarbeit durch Kapital und Wissen werden eingehend im Bericht der Kommission für Zukunftsfragen der Freistaaten Bayern und Sachsen analysiert; vgl. Kommission für Zukunftsfragen der Freistaaten Bayern und Sachsen (1996/1997), Teil I, S. 16ff und 128ff sowie Teil II, S. 13-17 und Ziffer 9.

119 Aufgrund fehlender Angaben für Ostdeutschland vor 1990 ist hier nur die westdeutsche Entwicklung dargestellt.

120 Die Veränderung der Qualität der Erwerbsarbeit im Zeitablauf wird ebenfalls im Bericht der Kommission für Zukunftsfragen der Freistaaten Bayern und Sachsen ausführlich dargestellt; vgl. Kommission für Zukunftsfragen der Freistaaten Bayern und Sachsen (1996/1997), Teil I, S. 62ff. und 69ff.

Schaubild 5: Arbeitsvolumen je Einwohner in Westdeutschland 1950-1998

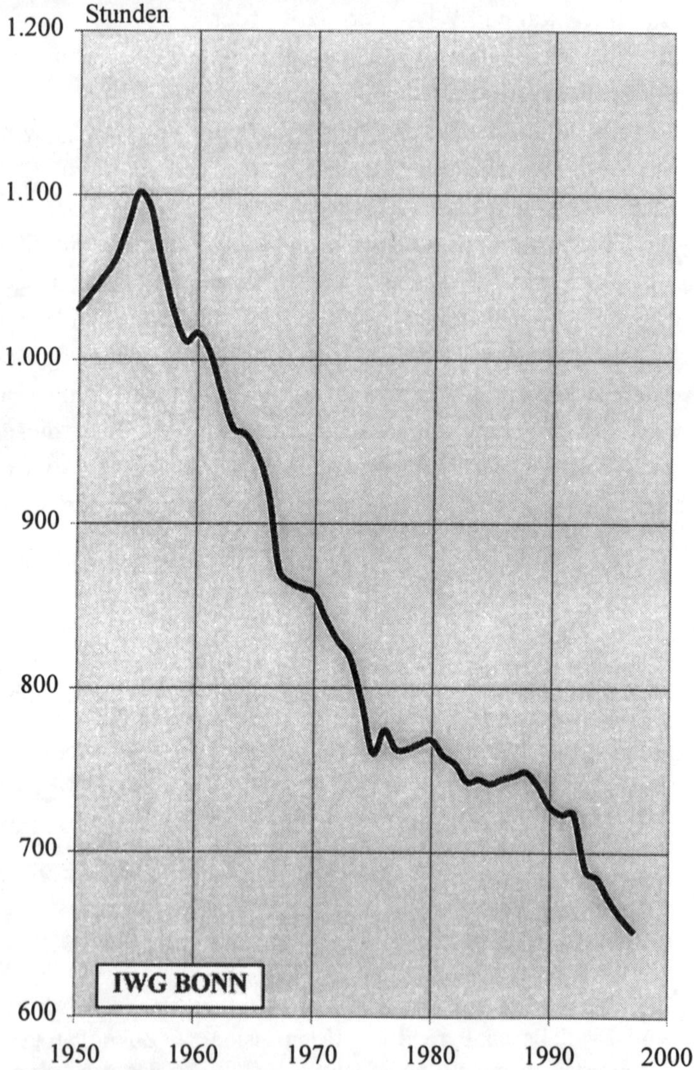

Quelle: Institut für Arbeitsmarkt- und Berufsforschung (IAB)

Schaubild 6: Abhängig Beschäftigte in Norm- und Nicht-Normarbeitsverhältnissen in Westdeutschland 1970-1996 (bis 1990 Fünf-Jahres-Schritte)

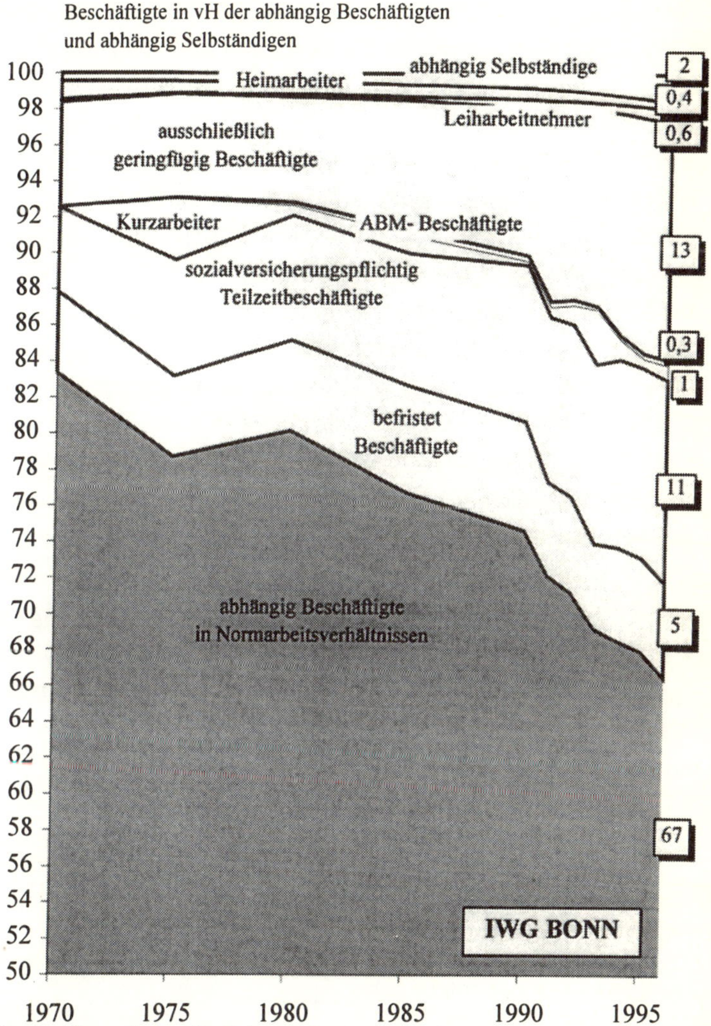

Quelle: Kommission für Zukunftsfragen der Freistaaten Bayern und Sachsen

Eine Folge dieser Entwicklung ist, daß - wie aus Schaubild 7 hervorgeht - die Nettolöhne und -gehälter aller abhängig Beschäftigten Westdeutschlands - im Geldwert von 1997 - seit 1980 bei jahresdurchschnittlich etwa 33.700 DM verharren. Zwar haben sich damit die Stundenlöhne aufgrund des gesunkenen Arbeitsvolumens noch immer um real 12 vH erhöht.[121] Doch hat die Bevölkerung durch ihre Erwerbseinkommen nicht mehr an der allgemeinen Wohlstandsentwicklung teil. Die reale Wertschöpfung stieg nämlich in dieser Zeit je Erwerbstätigen - abermals im Geldwert von 1997 - von 85.850 auf 115.000 DM auf das 1,3fache. Diese Wohlstandsmehrung floß zum einen in die öffentlichen Haushalte, besonders in öffentliche Transfers, vor allem aber in Einkommen aus Unternehmertätigkeit und Vermögen, die seit 1980 real auf das 2,4fache stiegen.[122]

Dieser Trend ist in allen Ländern zu beobachten, die einen ähnlichen Entwicklungsstand wie Deutschland aufweisen:[123] Erwerbsarbeit wird nach und nach aus kapital- und wissensintensiven und deshalb in der Regel hoch produktiven Bereichen der Volkswirtschaft in weniger kapital- und wissensintensive und deshalb auch weniger produktive Bereiche gedrängt. In jenen weniger produktiven Bereichen werden unverändert Arbeitskräfte benötigt. Doch ihre Bezahlung ist im Vergleich zum bisher Gewohnten geringer. Nimmt die Erwerbsbevölkerung - wie in den USA - dies hin, steigt das Arbeitsvolumen pro Kopf der Bevölkerung oder es bleibt zumindest stabil. Nimmt sie es hingegen - wie in Deutschland und der EU - nicht hin, vermin-

---

121 Die effektive Jahresarbeitszeit je abhängig Beschäftigten betrug 1980 1.668 und 1997 1.503 Stunden.

122 Vgl. DGB (1998), S. 12.

123 Dies gilt im wesentlichen für die Länder der OECD; vgl. auch Anmerkung 64.

Schaubild 7: Bruttoinlandsprodukt je Erwerbstätigen, Brutto- und Nettoarbeitsentgelt je abhängig Beschäftigten sowie Standardrente in Westdeutschland 1960-1997

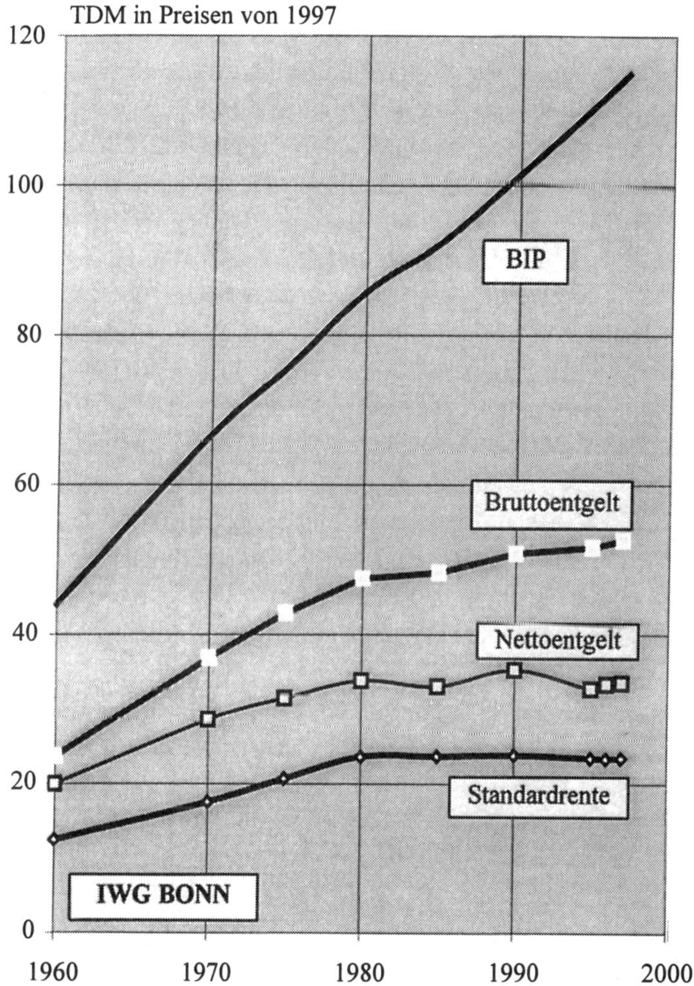

Quellen: Statistisches Bundesamt, VDR (1998b)

dert es sich. Im einen wie im anderen Fall stagnieren oder sinken die Erwerbseinkommen. Das zeigt auch die Entwicklung der Lohnquote.[124] Wie aus Schaubild 8 hervorgeht, ist sie seit Anfang der achtziger Jahre in Deutschland - ähnlich wie in der EU insgesamt - um rund ein Neuntel von etwa 77 auf 69 vH des Volkseinkommens gefallen.[125] Zwar muß sich diese Entwicklung nicht fortsetzen. Doch gibt es auch keine Gewähr, daß sie sich wieder dauerhaft umkehren wird.

Dagegen spricht vor allem, daß Produktivitätsfortschritt und Wirtschaftswachstum in entwickelten Volkswirtschaften auf vermehrtem Wisseneinsatz beruhen. Mehr Wissen wird aber nur in bescheidenem Maße durch Erwerbsarbeit in den Wertschöpfungsprozeß eingebracht. Oder genauer, das Wissen im Wertschöpfungsprozeß wird nur von einer Minderheit vermehrt. Als kapitalgebundenes Wissen trägt es dann zur Wertschöpfung bei. Entsprechend muß der Anteil, den das Kapital aus der Wertschöpfung zieht, steigen und jener der Erwerbsarbeit zurückgehen.

Gegen diesen Mechanismus haben sich die Bevölkerungen der frühindustrialisierten Länder einschließlich Deutschland lange Zeit gesperrt. Aufgrund ihrer historisch bedingten Erwerbsarbeits- und Arbeitnehmerzentrierung verdrängten sie die nachhaltigen Verschiebungen in der Gewichtung der Produktionsfaktoren im Wertschöpfungsgefüge.[126] Rational hätten sie

---

124 Anteil der Bruttoeinkommen aus unselbständiger Arbeit am Volkseinkommen.

125 In den USA verharrt die Lohnquote seit Mitte der siebziger Jahre auf vergleichsweise niedrigem Niveau.

126 Die in den zurückliegenden Jahren immer stärker aufflammende Debatte um den shareholder value ist Anzeichen dafür, daß die nachhaltigen Veränderungen im Wertschöpfungsgefüge einem wachsenden Teil der Bevölkerung langsam bewußt werden.

Schaubild 8: Anteile von Bruttoeinkommen aus unselbständiger Arbeit (Lohnquote) und aus Unternehmertätigkeit und Vermögen am Volkseinkommen in Deutschland* 1925-1997

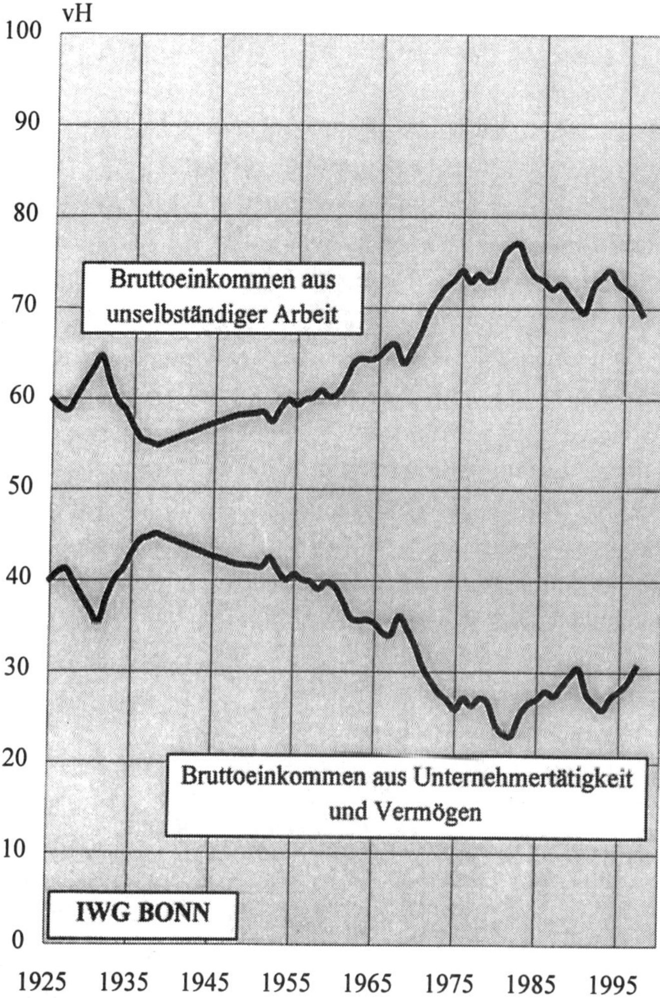

*bis 1990 Westdeutschland   Quelle: Statistisches Bundesamt

gehandelt, wenn sie den allmählichen Bedeutungsrückgang der Erwerbsarbeit bei gleichzeitigem Bedeutungszuwachs von Kapital und Wissen durch eine breite Vermögensbildung kompensiert hätten. Dann würden viele von der Umgewichtung der Produktionsfaktoren kaum berührt. Statt dessen haben sie - nicht selten ideologiegeleitet - vor allem die Konsumeinkommen erhöht.

Mit der Globalisierung der Märkte, namentlich des Kapital- und zunehmend des Arbeitsmarktes, verliert diese Strategie ihre ökonomische Fundierung. Die Zahl der Menschen, die darauf besteht, daß ihrem Kapital ein angemessener Anteil an der Wertschöpfung zufließt, wächst nicht zuletzt wegen der Zunahme des alten Bevölkerungsteils. Dabei bestimmen nicht länger nationale Erwägungen, sondern der Weltkapitalmarkt, wie dieser Anteil zu bemessen ist. Zugleich bestimmt der Weltarbeitsmarkt den Preis für Arbeit. Der Grundsatz: gleicher Lohn für gleiche Arbeit erlangt weltweit Geltung. Bei alledem sind die Gestaltungsräume der Politik begrenzt. Im Bereich des Arbeitsmarktes ist sie weitgehend auf die Felder Bildungs- und Sozialpolitik beschränkt. Was darüber hinausgeht, entzieht sich zunehmend dem nationalen Handlungsrahmen. Das politische Versprechen, die Erwerbsarbeit wieder in ihre ursprüngliche Stellung im Wertschöpfungsgefüge einzuweisen, ist deshalb wenig realistisch.

2.22 Wirkungen des Bedeutungsrückgangs von Erwerbsarbeit auf die Teilhabeformen

Der anhaltende Bedeutungsrückgang von Erwerbsarbeit führt zu wachsender Ungleichheit bei der Teilhabe an der Wertschöpfung, wenn er nicht durch die breitere Streuung von Vermögenseinkommen ausgeglichen wird. Solange dies nicht geschieht, werden Bevölkerungsgruppen, die im wesentlichen nur standardisierbare Erwerbsarbeit[127] in den Wertschöpfungsprozeß einbringen können, benachteiligt sein. Aber auch innerhalb dieser Gruppen werden die Unterschiede zwischen jenen zunehmen, die dauerhafte Vollzeitarbeitsplätze einnehmen, und jenen, die Nicht-Normarbeitsplätze innehaben.[128] Hiervon sind alle Teilhabeformen betroffen. Doch ist der Grad der Betroffenheit wiederum recht verschieden.

2.22.1 Private Transfers

Bedingt durch die zunehmend ungleiche Teilhabe von Bevölkerungsgruppen an der Wertschöpfung wird es künftig mehr Haushalte geben, die zu substantiellen privaten Transfers in der Lage sind. Allerdings dürfte sich hierdurch kaum etwas an der materiellen Versorgung Nicht-mehr-Aktiver im Familienverband ändern. Sie wird weiterhin gering bleiben. Überdurchschnittliche Wohlstandssteigerungen in Teilen der Bevölkerung könnten jedoch zum Ausbau privater Wohltätigkeitseinrichtungen beitragen.

2.22.2 Öffentliche Transfers

Bei den öffentlichen Transfers ist zu unterscheiden zwischen steuer- und beitragsfinanzierten und bei letzteren zwischen solchen, die alle und solchen, die nur Arbeitseinkommen zur Grundlage haben.

Für steuerfinanzierte Transfers ist der Bedeutungsrückgang von Erwerbsarbeit nachrangig. Entscheidend ist die Wertschöpfung, gleichgültig, ob sie vorwiegend auf dem Einsatz von Ar-

---

127 Dies sind Tätigkeiten, die zunehmend von Maschinen i.w.S. erbracht werden können.

128 Letztere können durchaus attraktiv sein, weshalb viele dieser Nicht-Normarbeitsverhältnisse freiwillig eingegangen werden. Hier handelt es sich um eine pauschale Aussage.

beit, Kapital oder Wissen beruht.[129] Allerdings gilt auch hier, daß die Wertschöpfung und mit ihr die Steuerbasis, nicht durch öffentliche Transfers überfordert werden dürfen.[130] Ähnliches trifft auf beitragsfinanzierte Transfers zu, die alle Einkommen zur Grundlage haben.

Weitaus schwerwiegender sind die Wirkungen auf beitragsfinanzierte Transfers, die nur auf Arbeitseinkommen beruhen. Sind, wie in Deutschland, Arbeitseinkommen und öffentliche Transfers eng miteinander verknüpft,[131] folgt aus der Stagnation ersterer die Stagnation letzterer. Pendelten die Nettoarbeitsentgelte aller abhängig Beschäftigten Westdeutschlands seit 1980 - im Geldwert von 1997 - um 33.700 DM im Jahr, so pendelte die Standardrente[132] um 23.600 DM. Mithin waren nicht nur die Aktiven mit ihren Arbeitseinkommen, sondern - wie aus Schaubild 7 hervorgeht - auch die Nicht-mehr-Aktiven mit ihren Renten von der allgemeinen Wohlstandsentwicklung abgekoppelt. Trotz eines insgesamt beachtlichen Wirtschafts-

---

129 Zwar spielten auch die Art der Besteuerung und die unterschiedliche Mobilität der Produktionsfaktoren eine Rolle. Doch grundsätzlich verbreitert sich durch die Steuerfinanzierung die Bemessungsgrundlage.

130 Vgl. Ziffer 2.14.2.

131 Die Entwicklung der Arbeitseinkommen beeinflußt in der GRV sowohl die Finanzierung als auch das individuelle Leistungsniveau. Beispielsweise wird die Rente jährlich an die Entwicklung der Nettoarbeitsentgelte angepaßt. Vgl. auch Ziffer 1.12.

132 Bei der Berechnung der Standardrente wurden ein durchschnittliches Bruttoarbeitsentgelt sowie 45 Versicherungsjahre zugrunde gelegt. Ferner wurde der Krankenversicherungsbeitrag abgezogen.

wachstums treten Beitragszahler und Rentner seit fast zwei Jahrzehnten auf der Stelle.[133]

Noch wichtiger ist jedoch, daß aufgrund des Bedeutungsrückgangs von Erwerbsarbeit Erwerbsfähige ihre Erwerbsarbeit für längere Phasen unfreiwillig unterbrechen, nur Nicht-Normarbeitsplätze finden oder auch überhaupt keiner Erwerbstätigkeit mehr nachgehen. Dadurch wird - wie auch Tabelle 2 zeigt - die Finanzierungsgrundlage erwerbsarbeitsabhängiger Transfers empfindlich geschmälert.

Tabelle 2: Geschätzte Beitragsausfälle in der GRV durch Scheinselbständigkeit und geringfügige Beschäftigung 1997

	Erwerbstätige in 1.000	Beitragsausfall pro Kopf in DM	Beitragsausfall insg. in Mrd. DM
Westdeutschland			
Scheinselbständige	400	10.621	4,248
geringfügig Beschäftigte	3.300	1.510	4,983
Beitragsausfälle insg.			9,231
Ostdeutschland			
Scheinselbständige	80	8.209	0,657
geringfügig Beschäftigte	574	1.267	0,727
Beitragsausfälle insg.			1,384
Deutschland			
Beitragsausfälle insgesamt			10,615

IWG BONN

Quellen: Kommission für Zukunftsfragen sowie Berechnungen des IWG BONN

Der in fast allen Ländern zu beobachtende Rückgang von Beschäftigten in Normarbeitsverhältnissen wirft aber nicht nur

133 Die Aussage bezieht sich auf die Gesamtheit der abhängig Beschäftigten und Rentner. Individuell entwickelten sich die Nettoarbeitsentgelte durchaus unterschiedlich.

Schwierigkeiten bei der Finanzierung öffentlicher Transfers auf. Betroffen ist auch die Leistungsseite. Die Heranziehung geringfügig Beschäftigter zu Beiträgen verbessert zwar die Einnahmen der Rentenkasse.[134] Doch die Renten betrügen nach 40jähriger Erwerbstätigkeit nur etwa 270 DM im Monat und lägen damit weit unter dem Sozialhilfeniveau.[135] Etwas besser ist die Lage von Teilzeitbeschäftigten. Aber auch ihre Rentenansprüche sind oft nicht existenzsichernd. Insgesamt dürfte derzeit etwa jeder vierte Arbeitnehmer keinen Rentenanspruch mehr erwerben, der Leistungen in Höhe der Sozialhilfe gewährleistet.[136] Beitragsabhängige Transfers verlieren deshalb auch aus diesem Grunde für wachsende Bevölkerungskreise an Bedeutung. Wer im Alter nicht durch Vermögen substantiell an der Wertschöpfung teilhaben kann, muß auf steuerfinanzierte öffentliche Transfers in Form von Sozialhilfe zurückgreifen. Der Wert des Rentenanspruchs wird dadurch nachhaltig relativiert.

Etwas anderes würde gelten, wenn Nicht-Normarbeitsverhältnisse zu den vorhandenen Normarbeitsverhältnissen hinzugetreten wären. Das aber war nicht der Fall. Zumindest in Deutschland wurden dauerhafte Vollzeitarbeitsplätze nicht in Teilzeittätigkeiten und diese nicht in geringfügige Beschäftigungsverhältnisse aufgespalten. Vielmehr trat in aller Regel an die Stelle *eines* Normarbeitsverhältnisses - wenn überhaupt - *ein* Nicht-Normarbeitsverhältnis.[137] Damit einher ging eine

---

134 Vgl. auch Anmerkung 28.

135 Auf das durchschnittliche Bruttoarbeitsentgelt 1998 bezogen würden lediglich 0,14 Entgeltpunkte erworben.

136 Vgl. Kommission für Zukunftsfragen der Freistaaten Bayern und Sachsen (1996/1997), Teil I, S. 1 und 62ff.

137 Von 1980 bis 1996 nahm in Westdeutschland der Anteil der Beschäftigten in Normarbeitsverhältnissen an der Bevölkerung

Verlagerung der Erwerbstätigkeit von Männern zu Frauen. Während die Frauenerwerbstätigkeit stieg, nahm die der Männer ab.[138] An der Erwerbstätigenquote insgesamt änderte sich hierdurch wenig, in Deutschland sank sie sogar. Doch verminderte sich häufig die Qualität der Arbeitsplätze.

Die Erosion von Erwerbsarbeit als Finanzierungs- und Anspruchsgrundlage wird durch die Erhöhung der Arbeitskosten beschleunigt, die dieses Transfersystem verursacht. Insoweit ist dieses System selbstzerstörerisch. Es fördert die Ersetzung von Erwerbsarbeit durch Kapital und Wissen, weil erstere nicht zuletzt aufgrund der Sozialbeiträge in vielen Fällen eine niedrigere Rendite erbringt. Darüber hinaus verschlechtert sich die Wettbewerbssituation gegenüber Ländern, die entweder geringere Transfers an Nicht-mehr-Aktive erbringen oder diese nicht oder in geringerem Umfang über Erwerbsarbeit finanzieren. Nicht zufällig stammen die hohen Exporte Deutschlands aus den Bereichen der Volkswirtschaft, deren Arbeitskostenanteil gemessen an der Wertschöpfung gering ist. In arbeitsintensiven Bereichen ist die deutsche Volkswirtschaft nur bedingt wettbewerbsfähig.[139]

---

von 31 auf 25 vH ab und der der Beschäftigten in Nicht-Normarbeitsverhältnissen von 8 auf 13 vH zu. Vgl. Kommission für Zukunftsfragen der Freistaaten Bayern und Sachsen (1996/97), Teil I, S. 65f.

138 So sank in Westdeutschland die Erwerbsquote der Männer bezogen auf die 15- bis 65jährige männliche Bevölkerung von 84,4 vH 1980 auf 80,5 vH 1996. Dagegen stieg die der Frauen im gleichen Zeitraum von 50,2 vH auf 59,7 vH. Vgl. auch Kommission für Zukunftsfragen der Freistaaten Bayern und Sachsen (1996/97), Teil I, Ziffer 3.21.1.

139 Von 1985 bis 1995 ging die Beschäftigung in den Schlüsselbranchen der deutschen Exportwirtschaft Automobilbau, Elektrotechnik, Maschinenbau und chemische Industrie überdurchschnittlich

Die größte Gefahr erwächst den erwerbsarbeitsabhängigen öffentlichen Transfers jedoch aus der nachhaltigen Verschlechterung des Verhältnisses von Leistung und Gegenleistung. Zwar ist diese Verschlechterung zu einem wesentlichen Teil auf die Verschiebungen im Altersaufbau der Bevölkerung zurückzuführen. Der Bedeutungsrückgang der Erwerbsarbeit leistet jedoch einen maßgeblichen Beitrag. Aufgrund beider Entwicklungen müssen die abhängig Beschäftigten immer größere Lasten zugunsten ehemals abhängig Beschäftigter schultern, ohne entsprechende Gegenleistungen erwarten zu können.

So hat ein alleinstehender Durchschnittsverdiener, der 1930 geboren wurde, in 45 Arbeitsjahren im Geldwert von 1995 rund 187.000 DM an die gesetzliche Rentenversicherung gezahlt. Dafür erhält er - im gleichen Geldwert - Rentenleistungen von etwa 327.000 DM. Damit hatten seine Einzahlungen - wie Schaubild 9 zeigt - eine interne Rendite[140] von real 3 vH. Für den Geburtsjahrgang 1950 liegt diese Rendite bei nur noch reichlich 1 vH. Er wird - bei im übrigen gleichen Bedingungen wie im vorangegangen Fall - rund 326.000 DM einzahlen, aber nur 354.000 DM zurückerhalten. Noch weitaus schlechter steht sich der Jahrgang 1970. Bei ihm sinkt die interne Rendite im Durchschnitt von Männern und Frauen, Verheirateten und Alleinstehenden gegen Null. Ein alleinstehender Durchschnittsverdiener erhält für 499.000 DM Beiträge sogar nur 427.000

---

zurück. Zugleich stiegen die deutschen Importe nach einer Lohnveredlung im Ausland im Vergleich zum übrigen Import überproportional an. Vgl. Schönebeck, C./Velsinger, P. (1998), S. 727f. sowie Klodt, H./Stehn, J. et al. (1994), S. 90ff.

140 Die interne Rendite der gesetzlichen Rentenversicherung ist derjenige Zins, der bei einer Kapitalmarktanlage der Beiträge erzielt werden müßte, um eine Rente wie im Umlageverfahren zu erzielen; vgl. DIAV (Hrsg.) (1998), S. 35 sowie 23ff.

Schaubild 9: Interne Rendite der Beiträge zur GRV*
für Geburtsjahrgänge 1930-1980
(schematische Darstellung)

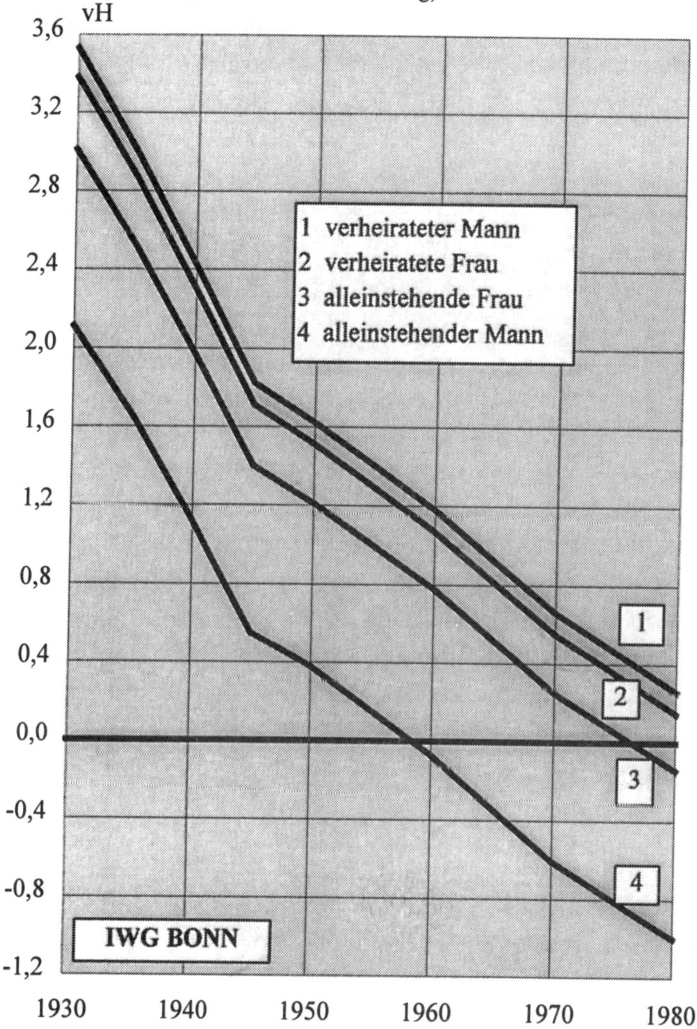

*Durchschnittsverdiener, 37 Versicherungsjahre
Quelle: DIAV (1998)

DM an Renten. Mit jedem weiteren Jahrgang verschlechtert sich das Verhältnis von Leistung und Gegenleistung. Der alleinstehende Mann des Jahrgangs 1980 wird voraussichtlich rund 139.000 DM mehr in die gesetzliche Rentenversicherung einbezahlen, als er von ihr zurückerhalten wird.[141]

Auch wenn alle diese Aussagen, soweit sie die Zukunft betreffen, von Annahmen abhängen, die so oder auch anders eintreten können: Der Trend ist unstrittig.[142] Je stärker sich das Verhältnis zwischen Aktiven und Nicht-mehr-Aktiven, besonders zwischen aktiven abhängig Beschäftigten und nicht mehr aktiven abhängig Beschäftigten zu Lasten ersterer verschiebt, desto unattraktiver wird das System für alle, die es finanzieren. Das fördert deren Neigung, es zu meiden.[143] Die erwerbsabhängigen Transfers stehen deshalb auf brüchigem Fundament.

2.22.3 Private Vermögen

Die wachsenden Vermögenseinkommen, die mit dem Bedeutungsrückgang von Erwerbsarbeit einhergehen, begünstigen aufgrund der derzeit recht ungleichen Vermögensverteilung zunächst den wirtschaftlich stärkeren Teil der Bevölkerung. Die veränderte Gewichtung der Produktionsfaktoren schlägt eindeutig zu dessen Vorteil aus.

Ambivalent ist die Lage für durchschnittliche Einkommensbezieher. Sie könnten substantiell Vermögen bilden, wenn ihre

---

141 Hätte er statt dessen seine Beiträge zu einem Realzins von 3 vH angelegt, hätte er ein Vermögen von weit über einer Million DM.

142 Vgl. Eitenmüller, S./Hain, W. (1998b) sowie Handelsblatt (1998).

143 Inzwischen sichert sogar der Verband Deutscher Rentenversicherungsträger (VDR) ein Viertel seiner Beschäftigten außerhalb der gesetzlichen Rentenversicherung ab. Vgl. Sauga, M. (1998), S 20.

Vermögensbildungskapazität nicht länger weitgehend durch öffentliche Transfers gebunden wäre.

Zunehmen dürfte allerdings der Teil, der keine durchschnittlichen Einkommen mehr erzielen kann. Er wird aufgrund des Bedeutungsrückgangs von Erwerbsarbeit ganz oder teilweise auf Transfers angewiesen bleiben, die ihm im Wege solidarischer Umverteilung zufließen.

2.22.4 Öffentliche Vermögen

Öffentliche Vermögen werden vom Bedeutungsrückgang von Erwerbsarbeit ähnlich betroffen wie private, d.h. die Aufbringung wird ungleicher. Allerdings ist ein Solidarausgleich einfacher als bei privatem Vermögen.

2.3 Vermögenslage privater Haushalte bessert sich

2.31 Vermögenseinkommen nehmen stark zu

Seit der Einführung staatlicher Versorgungssysteme für Nicht-mehr-Aktive gegen Ende des 19. Jahrhunderts und der grundlegenden Erneuerung dieser Systeme Mitte des 20. Jahrhunderts hat sich die Einkommens- und Vermögenslage der Bevölkerung in Deutschland in historisch einzigartiger Weise gebessert. Wie Schaubild 10 zeigt, ist das Volkseinkommen pro Kopf der Bevölkerung in den zurückliegenden 100 Jahren auf das real Achtfache und in den zurückliegenden 50 Jahren auf das real knapp Sechsfache gestiegen.[144] Noch dynamischer entwickel-

144 Da Daten über die verfügbaren Einkommen der privaten Haushalte erst ab 1950 vorliegen, wird für die langfristige Einkommensbetrachtung auf die Entwicklung des Volkseinkommens abgestellt. Dabei ist der Endwert 1997 auf die gesamtdeutsche Bevölkerung bezogen. Pro Kopf der westdeutschen Bevölkerung

ten sich die Vermögen.[145] Sie erhöhten sich in den genannten Zeiträumen auf das real Achtfache bzw. Siebenfache.[146] Von dieser Entwicklung war keine Bevölkerungsgruppe ausgeschlossen. Auch die wirtschaftlich Schwächsten, die Empfänger von Sozialhilfe, erhalten heute real gut fünfmal soviel wie 1950 und haben damit etwa die Kaufkraft eines durchschnittlichen Arbeitnehmerhaushalts Anfang der sechziger Jahre.[147]

Aufgrund dieser dynamischen Einkommens- und Vermögensentwicklung verfügte die Bevölkerung 1997 über ein privates Nettovermögen[148] von rund 13,6 Billionen DM, das

---

hat sich das Volkseinkommen real knapp verneun- bzw. reichlich versechsfacht.

145 Den Aussagen liegen Untersuchungen der Verfasser aus den Jahren 1983 und 1993 zugrunde, die bis 1997 fortgeschrieben sind. Vgl. Miegel, M. (1983), S. 77ff. und Miegel, M./Wahl, S. (1996), S. 46ff.

146 Wiederum ist der Endwert 1997 auf die gesamtdeutsche Bevölkerung bezogen. Pro Kopf der westdeutschen Bevölkerung hat sich das Nettovermögen der privaten Haushalte real verneunfacht bzw. reichlich verachtfacht. Dabei wird bis 1991 nur das private Nettovermögen der deutschen Bevölkerung in Westdeutschland erfaßt.

147 Zugrundegelegt wurde ein Sozialhilfeeinkommen von 28.600 DM 1998. Vgl. Institut der deutschen Wirtschaft (1998), S. 4f. sowie Statistisches Bundesamt (1965), Statistisches Jahrbuch 1965, S. 529.

148 Die Nettovermögen der privaten Hauhalte umfassen den Verkehrswert des Nettohaus- und Grundvermögens nach der Einkommens- und Verbrauchsstichprobe (EVS) des Statistischen Bundesamtes, das Nettogeldvermögen in Abgrenzung der Deutschen Bundesbank, bestehend aus Bargeld, Sichteinlagen, Termingeldern, Spareinlagen, Sparbrieben, Inhaberschuldverschreibungen, Guthaben bei Bausparkassen und Lebensversicherungen sowie Wertpapieren, namentlich Aktien, das Sach- oder Gebrauchsvermögen, bestehend aus langlebigen Gebrauchsgütern

knapp zur Hälfte aus Immobilien und knapp zur Hälfte aus Geld- und Betriebsvermögen bestand. Der Rest war Sachvermögen wie Automobile u.ä. Dabei ist vor allem das Nettogeldvermögen überdurchschnittlich gewachsen. 1970 lag sein Anteil erst bei etwa einem Viertel, 1997 bei knapp 40 vH. Von dem Gesamtvermögen hielten die Nicht-mehr-Aktiven schätzungsweise 4,5 Billionen DM, also etwa ein Drittel.[149]

Entsprechend hat sich die Zusammensetzung der verfügbaren Haushaltseinkommen verändert. Zwar sind Einkommen aus Erwerbsarbeit für die Bevölkerungsmehrheit noch immer die wichtigste Einkommensquelle. Doch haben sie im Verhältnis zu Unternehmergewinnen und Vermögenseinkommen sowie Transfers erheblich an Bedeutung verloren. Im statistischen Mittel betrug 1996 der Anteil der Arbeitseinkommen am verfügbaren Haushaltseinkommen 43,1 vH, der Gewinne und Vermögenseinkommen 32,4 vH und der Transfers 24,5 vH.

---

einschließlich Automobilen sowie das Betriebsvermögen, bestehend aus dem Produktivvermögen ohne Wertpapiere und ohne landwirtschaftlich oder gewerblich genutztes Haus- und Grundvermögen.

149 Die Aussagen stützen sich auf Ergebnisse der Einkommens- und Verbrauchsstichprobe (EVS) 1993. Danach besitzen Haushalte von über 55jährigen jeweils rund die Hälfte des Nettohaus- und -grundvermögens sowie des Nettogeldvermögens. Da in der EVS die Gruppe der 60- bis 65jährigen nicht separat ausgewiesen wird, wird unterstellt, daß 60- bis 65jährige 50 vH des Vermögens der 55- bis 65jährigen haben. Ferner wird angenommen, daß die Verteilung des Geldvermögens nach der Definition der Deutschen Bundesbank der des Geldvermögens in Abgrenzung der EVS entspricht sowie daß über 65jährige jeweils weniger als ein Drittel des Sach- und Betriebsvermögens besitzen. Vgl. Statistisches Bundesamt (1995), S. 137, 187, 298 und 338 sowie Wahl, S. (1994), S. 102f.

Schaubild 10: Einkommen und Vermögen je Einwohner in Deutschland* 1900-1997

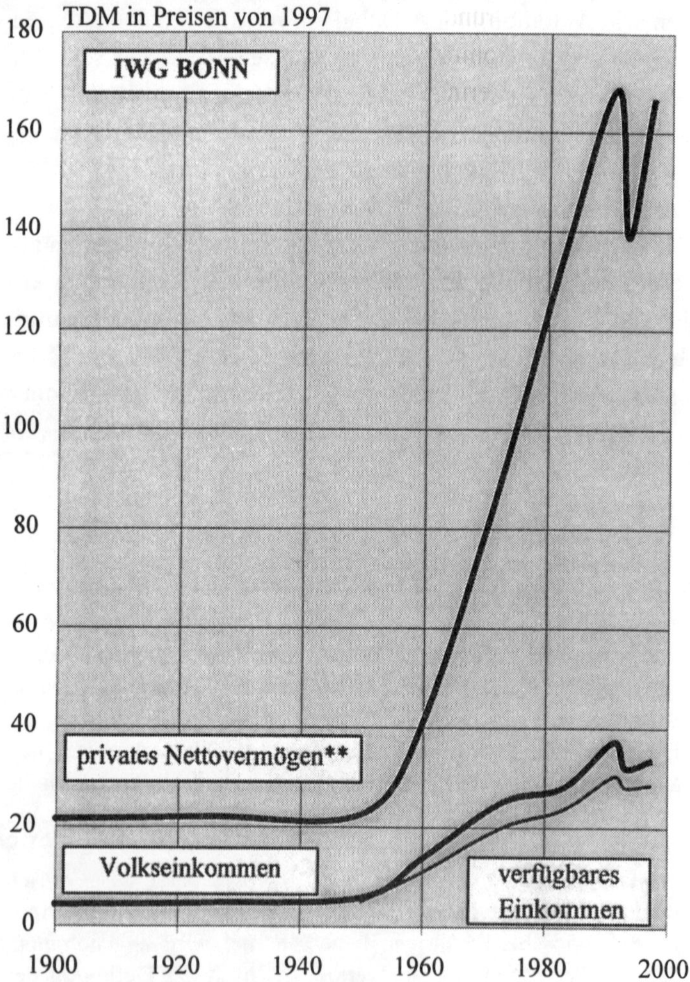

* 1950-1991 nur Westdeutschland

**1950-1991 bezogen auf die deutsche Bevölkerung

Quellen: Deutsche Bundesbank, Statistisches Bundesamt sowie Schätzungen des IWG BONN

1960 lagen in Westdeutschland die Vergleichswerte bei 55,8 vH, 24,8 vH und 19,4 vH.[150] Während der Anteil der Arbeitseinkommen um rund ein Viertel gesunken ist, ist der Anteil der Transfereinkommen um reichlich ein Viertel und der aus Gewinnen und Vermögen sogar um annähernd ein Drittel gestiegen.

Dabei haben sich die Verschiebungen im Gefüge verfügbarer Haushaltseinkommen in Deutschland wie in allen ähnlich entwickelten Ländern ständig beschleunigt. Zwischen 1980 und 1993 erhöhte sich der Anteil an Gewinnen und Vermögen jährlich um 2 vH. Der Anteil aus Arbeit nahm hingegen um reichlich 1 vH im Jahr ab. Im Durchschnitt bezogen die Haushalte 1997 knapp ein Zehntel ihrer verfügbaren Einkünfte aus Vermögen. Das waren 470 DM monatlich.[151]

Allerdings waren die privaten Haushalte an dieser Entwicklung höchst unterschiedlich beteiligt. Die höchsten Vermögenseinkommen erzielten 1997 die Selbständigenhaushalte außerhalb der Landwirtschaft mit durchschnittlich reichlich 1.600 DM monatlich, gefolgt von selbständigen Landwirten mit knapp 900 DM sowie Pensionären und ähnlichen Personengruppen[152] mit knapp 600 bzw. knapp 800 DM. Angestellten- und Beamtenhaushalte bezogen Vermögenseinkommen von 440, Rentnerhaushalte von 380 DM. Weit zurück lagen demge-

150 Vgl. Kommission für Zukunftsfragen der Freistaaten Bayern und Sachsen (1996/1997), Teil III, S. 79f.

151 Vgl. Bedau, K.-D. (1998a), S. 549.

152 Hierzu zählen Haushalte von Nichterwerbstätigen mit überwiegendem Lebensunterhalt durch Vermögenseinkommen, Sozialhilfe, Stipendien, Übertragungen von Angehörigen oder aus sonstigen Quellen.

genüber Arbeiterhaushalte mit 260 DM und Arbeitslosenhaushalte mit reichlich 80 DM Vermögenseinkommen monatlich.[153] Dieses Gefälle verdeutlicht ebenfalls die sich ändernde Gewichtung der Produktionsfaktoren im Wertschöpfungsprozeß. Wer Kapital und Wissen einbringt, hat in der Regel eine höhere Vermögensbildungskapazität als derjenige, der nur seine Arbeitskraft anbieten kann. Nicht zuletzt deshalb ist allein das Geldvermögen von Selbständigenhaushalten in Westdeutschland knapp dreimal so hoch wie das von Arbeitnehmerhaushalten.[154] Ebenso bedeutsam ist jedoch, daß die Vermögensbildungskapazität von Arbeitnehmerhaushalten - anders als die von Selbständigen - in erheblichem Umfang durch die Finanzierung öffentlicher Transfersysteme gebunden ist.

Diese Bindung hat von jeher die wirtschaftlichen Gestaltungsmöglichkeiten abhängig Beschäftigter beschränkt. In der Vergangenheit lag diese Beschränkung jedoch mehr im subjektiv-mentalen Bereich. Materiell spielte sie solange keine Rolle, als die Beiträge an die gesetzliche Rentenversicherung eine ähnliche Rendite[155] erzielten wie private Vermögen. Das war bis in die siebziger Jahre der Fall. Seitdem haben sich die Renditen der GRV und die privater Vermögen jedoch weit auseinanderentwickelt. Während jene der GRV ständig sinken,[156] haben die Renditen von beispielsweise festverzinslichen Wert-

---

153 Vgl. Bedau, K.-D. (1998a), S. 549.

154 Vgl. Bedau, K.-D. (1998a), S. 546.

155 Hierbei handelt es sich nicht um eine echte Rendite. Die gesetzliche Rentenversicherung ist eine Solidarversicherung, bei der nicht unerheblich umverteilt wird. Vgl. auch Anmerkung 43. Dennoch kann mit Hilfe der Barwertmethode das Beitrags-Leistungsverhältnis der GRV bestimmt und dadurch mit dem privater Altersvorsorgeformen verglichen werden. Vgl. auch BMWi (1998), S. 19ff.

156 Vgl. Ziffer 2.22.2.

papieren oder Aktien ihr Niveau gehalten. Daher sind Bevölkerungsgruppen, die Vermögen bilden und aus ihnen Erträge ziehen können, weil ihre Vermögensbildungskapazität nicht von öffentlichen Transfersystemen gebunden ist, mittlerweile im allgemeinen besser gestellt als Sozialversicherte. Diese erleiden seit vielen Jahren durch die Organisation ihrer Altersvorsorge empfindliche wirtschaftliche Nachteile.

Wie Schaubild 11[157] zeigt, war es für einen verheirateten Mann des Geburtsjahrgangs 1930 noch ziemlich gleichgültig, ob er seine Ersparnisse im Rahmen der GRV transferierte oder beispielsweise in Wertpapieren anlegte. Das Ergebnis war recht ähnlich. Doch schon für den Geburtsjahrgang 1950 sind die Abweichungen erheblich. Wird für den Bezieher eines durchschnittlichen Arbeitseinkommens unterstellt, daß er statt Beiträge an die GRV zu zahlen, in gleichem Umfang spart, hat er bei einer realen Verzinsung von 4 vH[158] nach 45 Jahren ein Geldvermögen von rund 650.000 DM im Geldwert von 1995. Der Wert seiner Rente ist hingegen nur halb so hoch. Noch drastischer fällt der Vergleich für den Geburtsjahrgang 1970 aus. Hier stehen einem Vermögen von fast einer Million DM

---

157 In Bezug auf die demographische Entwicklung sind die mittlere Variante der achten koordinierten Bevölkerungsvorausberechnung des Statistischen Bundesamtes sowie die Eckwerte von Hain und Müller (vgl. Hain, W./Müller, H.-W. (1998)) unterstellt. Im Bereich des Arbeitsmarktes ist unterstellt, daß die altersspezifische Erwerbsbeteiligung von Männern und Frauen und die entsprechenden Quoten der sozialversicherungspflichtig Beschäftigten ab 1994 unverändert bleiben. Das gilt auch für das mittlere Rentenzugangsalter. Im einzelnen vgl. DIAV (1998), Tabelle 1, mittleres Szenario, S. 16.

158 Dies entspricht der langjährigen durchschnittlichen Realverzinsung von augewählten Kapitalanlagen. Vgl. DIAV (1998), S. 51f.

Schaubild 11: Vergleich von Beiträgen und Renten verheirateter Männer der Geburtsjahrgänge 1930-1980

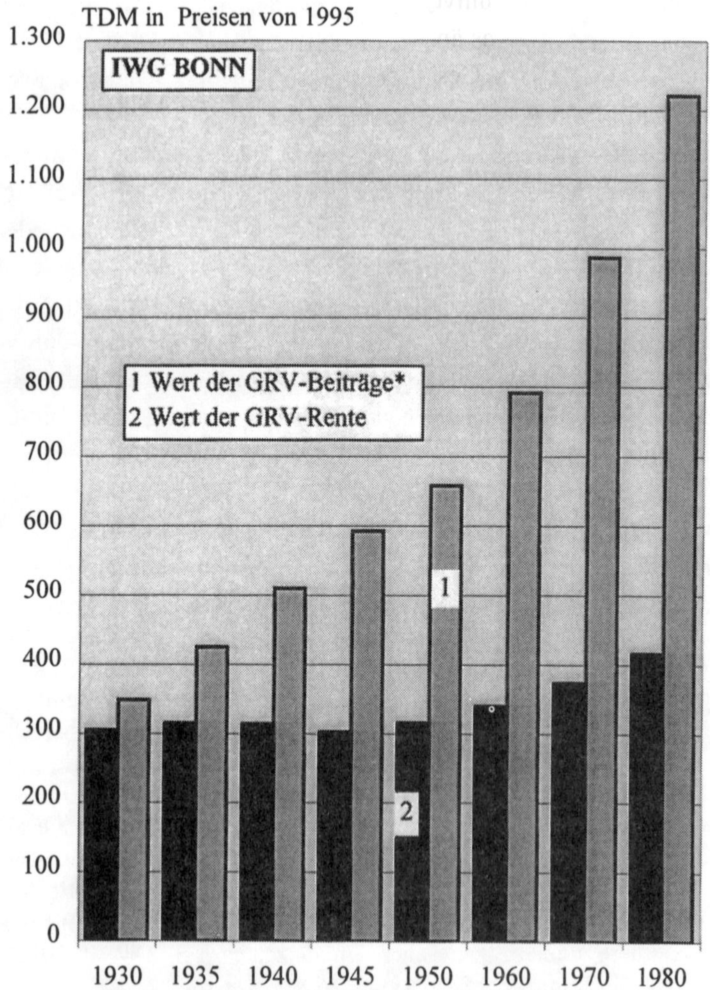

*bei einer jährlichen Verzinsung von 4 vH

Quelle: DIAV (1998)

Rentenansprüche im Gesamtwert von nur knapp 400.000 DM gegenüber.[159]

Dabei wird nicht verkannt,[160] daß im Rahmen der GRV in erheblichem Maße umverteilt wird[161] und mehrere Risiken abgedeckt sind.[162] Das ändert jedoch nichts daran, daß bei gleichem Aufwand das Gesamtvolumen, das dem umlagefinanzierten öffentlichen Transfersystem zur Erfüllung seiner Aufgaben zur Verfügung steht, kleiner ist, als es bei Vermögensanlagen wäre. Das ist der Preis für die weitgehende Bindung öffentlicher Transfers an die Erwerbsarbeit und ihre Finanzierung im Umlageverfahren.[163] Dadurch ist bei öffentlichen Transfers der Zinseszinseffekt ausgeschlossen, der die Vermögensanlagen wachsen läßt. Die Schere, die sich auf diese Weise öffnet, wird sich weiten, selbst wenn unterstellt wird, daß die Renditen aus Kapitalanlagen sinken. Noch stärker sinken nämlich die Renditen der GRV.

2.32 *Wirkungen der verbesserten Vermögenslage auf die Teilhabeformen*

Aufgrund der erreichten Vermögenslage könnte - wiederum im Modell - schon jetzt das Verhältnis der Teilhabe Nicht-mehr-Aktiver an der Wertschöpfung durch öffentliche Transfers bzw. private Vermögen annähernd umgekehrt werden. Statt die Teilhabe zu zwei Dritteln über öffentliche Transfers und zu einem

---

159 Vgl. DIAV (1998), S. 31f.

160 Viele Befürworter des bestehenden Rentensystems halten einen Renditevergleich der GRV mit alternativen privaten Vorsorgeformen für nicht möglich. Vgl. dazu auch DIAV (1998), S. 86ff. sowie Eitenmüller, S. (1996), Ohsmann, S./Stolz, U. (1997) und Hain, W./Altenmüller, S./Barth, S. (1997).

161 Vgl. Ziffer 1.12.

162 Hierzu zählen Alter, Erwerbsunfähigkeit und Verwitwung.

163 Vgl. Ziffern 1.12. und 1.21.

Drittel über private Vermögen zu organisieren,[164] könnte sie zu reichlich einem Drittel über öffentliche Transfers und zu knapp zwei Dritteln über private Vermögen erfolgen.[165]

In der Lebenswirklichkeit scheitert dies daran, daß ein völliger Vermögensverzehr aufgrund der ungewissen individuellen Lebenserwartung praktisch nicht möglich ist. Hinzu kommt, daß viele Menschen ihren Nachkommen etwas hinterlassen wollen. Der entscheidende Grund ist jedoch die derzeitige Ungleichverteilung von Vermögen. Während die große Mehrheit der Nicht-mehr-Aktiven über öffentliche Transfers recht gleichmäßig an der Wertschöpfung teilhat, ist das bei privaten Vermögen nicht der Fall.[166] Eine quantitative Umkehrung der Teilhabeformen ist mithin auf kürzere Sicht ausgeschlossen. Nicht ausgeschlossen ist hingegen, jetzt die Weichen in diese Richtung zu stellen. So ist es durchaus realistisch, bis zum Höhepunkt der demographischen Verschiebungen um das Jahr 2040 den Anteil öffentlicher Transfers von derzeit zwei Drittel auf reichlich zwei Fünftel zu vermindern und den Anteil privater Vermögen von einem Drittel auf knapp drei Fünftel zu erhöhen.[167]

Auf diese Weise würde den Nicht-mehr-Aktiven - so wie jetzt - auch in 40 Jahren noch immer knapp ein Achtel der gesamten Wertschöpfung über öffentliche Transfers zukommen. Da ihr Anteil an der Bevölkerung jedoch bis dahin - wie in Tabelle 1 dargestellt - von einem Fünftel auf weit über ein

---

164 Vgl. Ziffern 2.14.2 und 2.14.3.

165 Für einen höheren kapitalfundierten Anteil sprechen sich viele Wirtschaftswissenschaftler aus. Vgl. z.B. Breyer, F./Neumann, M./Rürup, B. u.a. in: DIAV (1999).

166 Vgl. Kommission für Zukunftsfragen der Freistaaten Bayern und Sachsen (1996/1997), vgl. Ziffer 12.21.2, S. 83ff.

167 Vgl. Ziffer 2.14.2.

Drittel wächst, müßte ihre Teilhabe über private Vermögen gegenüber heute verdreifacht werden, wenn ihr Lebensstandard nicht sinken soll. Statt 6 vH müßten dann etwa ein Fünftel der Wertschöpfung über Vermögenseinkommen und -verzehr an den nicht mehr aktiven Bevölkerungsteil fließen.[168] Vom Volumen her ist das durchaus möglich.[169] Das Problem ist abermals die Vermögensverteilung. Wird sie nicht gleichmäßiger, werden entweder die Aktiven mit der Finanzierung öffentlicher Transfers unzumutbar belastet, oder viele Nicht-mehr-Aktive zumindest relativ, möglicherweise aber auch absolut, verarmen.

2.32.1 Private Transfers

Halten Vermögensverteilung und -wachstum in der bisherigen Weise an, wird der Anteil sehr wohlhabender Haushalte beschleunigt zunehmen. Das gilt vor allem auch deshalb, weil Haushalten, die ohnehin überdurchschnittlich große Vermögen haben, oft auch überdurchschnittlich große Erbschaften zufließen.[170] Da zugleich aufgrund der niedrigen Geburtenrate der Anteil der Haushalte ohne eigene Nachkommen wächst, könnten private Vermögen häufiger karitativen Zwecken zugeführt werden.

2.32.2 Öffentliche Transfers

Beim erreichten Vermögensstand vieler privater Haushalte treten öffentliche Transfers und private Vermögen immer deutlicher in Konkurrenz zueinander. Das gilt vor allem für die breite Schicht durchschnittlicher Einkommensbezieher. Während der überdurchschnittlich wohlhabende Teil der Bevölke-

---

168 Vgl. Ziffer 2.14.3 und Anmerkung 105.

169 Vgl. Ziffer 2.14.3.

170 Vgl. Gesellschaft für Konsumforschung (GfK), zitiert nach Der Spiegel (1998), S. 80f.

rung - etwa ein Drittel - mittlerweile auf einem Vermögensfundament steht, auf dem er gut weiterbauen kann, und der unterdurchschnittlich wohlhabende Teil - etwa ein Viertel - auf absehbare Zeit ohnehin nicht in der Lage ist, substantielle Vermögen zu bilden, wären durchschnittliche Einkommensbezieher - wie aus Schaubild 11 hervorgeht - hierzu durchaus fähig, wenn ihre Abgabenlast gemindert würde. Damit steht dieser Bevölkerungsteil an einer Wegscheide.

Werden die öffentlichen Transfers entsprechend der Zunahme des alten Bevölkerungsteils erhöht, schwinden die Möglichkeiten durchschnittlicher Einkommensbezieher, private, und das heißt im allgemeinen rentable, Vermögen zu bilden. Damit weitet sich die Kluft zwischen ihnen und denen, deren Vermögensbildungskapazität nicht durch öffentliche Transfers absorbiert wird. Diese Kluft läßt sich nicht durch Umverteilung schließen, es sei denn, die deutschen Finanzmärkte würden hermetisch von der Außenwelt abgeriegelt. Der Preis hierfür wäre wirtschaftlicher Niedergang und politische Diktatur. Der einzig gangbare Weg ist, die Vermögensbildungskapazität durchschnittlicher Einkommensbezieher verstärkt für Zwecke privater Vermögensbildung freizusetzen. Das Mindeste ist die Fixierung der Soziallasten auf ihrem derzeitigen relativen Niveau.

Gleichzeitig müssen öffentliche Transfers den wirtschaftlich Schwächsten eine auskömmliche Teilhabe an der Wertschöpfung gewährleisten. Sie müssen so dimensioniert sein, daß kein Nicht-mehr-Aktiver zum Sozialfall wird. Ob diese Transfers in Form von Steuer-, Beitrags- oder Rentensubventionen erfolgen, ist vor allem eine Frage der Praktikabilität.

2.32.3 Private Vermögen

Die Teilhabe Nicht-mehr-Aktiver an der Wertschöpfung im Wege privater Vermögen wird mit an Sicherheit grenzender Wahrscheinlichkeit stark zunehmen.[171] Stark verbesserungsbedürftig ist jedoch die Beteiligung durchschnittlicher Einkommensbezieher an dieser Entwicklung.

2.32.4 Öffentliche Vermögen

Grundsätzlich können im Zuge des starken Vermögenswachstums auch öffentliche Vermögen für Zwecke der Teilhabe Nicht-mehr-Aktiver an der Wertschöpfung aufgebaut werden. Sie könnten vor allem dem wirtschaftlich schwachen Bevölkerungsteil zugute kommen. Allerdings wäre der bürokratische Aufwand hierfür erheblich. Die Mittel müßten nämlich ganz oder teilweise durch allgemeine Abgaben aufgebracht und den wirtschaftlich Schwachen nach bestimmten Maßstäben zugewandt werden. Dies setzt eine fortwährende Kontrolle der Zuwendungsberechtigung voraus.[172] Darüber hinaus birgt substantielles öffentliches Vermögen das Risiko staatlichen Mißbrauchs.[173]

2.4 Bevölkerung wird individualistischer

2.41 Ehe- und Familienbiographien werden brüchiger

Etwa ein Fünftel der öffentlichen Transfers an Nicht-mehr-Aktive - steuer- oder beitragsfinanziert - sind Zuwendungen an

---

171 Vgl. Ziffer 2.14.3.

172 Vgl. auch Ziffer 1.22.

173 So wurde 1938 der überwiegende Teil des Rentenvermögens zur Rüstungs- und Kriegsfinanzierung herangezogen. Vgl. Döring, D. (1980), S. 108.

deren hinterbliebene Ehepartner und/oder Kinder.[174] Für diesen Zweck werden derzeit etwa 2,5 vH der Wertschöpfung eingesetzt. Der Familienverband, konkret: die Ehe und das Kindschaftsverhältnis ist damit - nach der Erwerbsarbeit - der zweitwichtigste Zugang zu öffentlichen Transfers.

Dieser Familienverband hat sich jedoch im Zuge der Individualisierung[175] der Gesellschaft nachhaltig gelockert. Vor allem die Ehe ist keineswegs mehr die verläßliche Institution, die auch nach dem Tode des Partners die Teilhabe der Hinterbliebenen an der Wertschöpfung gewährleistet. Nur noch drei Fünftel der über 21jährigen sind überhaupt verheiratet. In den siebziger Jahren waren es noch annähernd drei Viertel.[176] Zwar ist die wesentliche Ursache für diesen Rückgang das Hinausschieben der erstmaligen Verheiratung. Doch wächst auch die Zahl der Menschen, die freiwillig ein Leben lang ledig bleiben. Von der noch nicht verheirateten Bevölkerung dürfte reichlich ein Siebentel nie eine Ehe schließen.[177] Hinzu kommt die steigende Zahl mehr oder minder kurzzeitiger Ehen, die zu keinen existenzsichernden Versorgungsansprüchen führen.[178] Seit geraumer Zeit wird in Deutschland wie in vielen anderen frühindustrialisierten Ländern weit mehr als jede dritte Ehe

---

174 Vgl. VDR (1998b), BMAS (1997b) sowie Bundesregierung (1996), S. 175ff. und S. 183ff.

175 Der Prozeß der Individualisierung ist ausführlich dargestellt in Miegel, M./Wahl, S. (1998), S. 41ff.

176 Die Angabe für die siebziger Jahre bezieht sich nur auf Westdeutschland. Vgl. Statistisches Bundesamt, Statistisches Jahrbuch 1972, S. 35f. sowie Statistisches Jahrbuch 1998, S. 58 und 62.

177 Vgl. Schwarz, K. (1989), S. 31.

178 So betrug die durchschnittliche Dauer einer im Jahre 1996 geschiedenen Ehe 12 Jahre. Vgl. Statistisches Bundesamt (1998), Statistisches Jahrbuch 1998, S. 78.

geschieden.[179] Von den Geschiedenen heiratet schätzungsweise reichlich die Hälfte erneut. Die übrigen bleiben unverheiratet. Damit nimmt ein immer größerer Personenkreis nicht mehr über die Ehe an öffentlichen Transfers teil.

Dieser Verlust wird häufig nicht durch eigene Erwerbsarbeit ausgeglichen. Das trifft vor allem auf Frauen zu. Zwar hat sich parallel zur Abnahme der Eheneigung sowie der Lockerung und Auflösung der Ehegemeinschaft in allen frühindustrialisierten Ländern die Frauenerwerbstätigkeit erhöht. Diese Erhöhung führte jedoch fast nirgendwo[180] zu einer Zunahme des Arbeitsvolumens und häufig noch nicht einmal zu einem Anstieg der Erwerbstätigenquote.[181] Auf dem Arbeitsmarkt wurden also Männer gegen Frauen lediglich ausgetauscht, wobei an die Stelle der von Männern besetzten, oft gut bezahlten dauerhaften Vollzeitarbeitsplätze in der Industrie häufig gering entlohnte Nicht-Normarbeitsplätze im Dienstleistungsbereich traten, die vornehmlich von Frauen eingenommen werden. Dadurch hat sich ihre künftige Teilhabe an der Wertschöpfung gegenüber früher nicht nur nicht verbessert, sondern in zahlreichen Fällen sogar verschlechtert. Viele erwerbstätige Frauen erwerben heute geringere Versorgungsansprüche als sie früher als Witwe eines vormals dauerhaft Vollzeitbeschäftigten hatten. So hatte die Witwe eines Eckrentners 1998 einen Rentenanspruch von 1.284 DM.[182] Um einen gleich hohen eigenen

---

179 1996 waren es 41 vH.

180 Eine Ausnahme bilden die USA. Vgl. Kommission für Zukunftsfragen (1996/1997), Teil I, S. 129.

181 Vgl. Kommission für Zukunftsfragen (1996/1997), Teil I, S. 117ff.

182 1998 beträgt die durchschnittliche Eckrente in Westdeutschland DM 2.140 im Monat. Die Witwe erhält hiervon 60 vH. Das ist etwas mehr als das Sozialhilfeeinkommen eines Ein-Personen-Haushalts.

Anspruch zu erwerben, müßte sie beispielsweise entweder 27 Jahre lang in abhängiger Beschäftigung ein Durchschnittseinkommen erzielen oder 40 Jahre lang ein Bruttoarbeitsentgelt von derzeit 3.000 DM. Da viele Frauen weder die eine noch die anderen Voraussetzungen erfüllen und zugleich keine abgeleiteten Ansprüche in Form einer Hinterbliebenenrente haben, werden bei vielen die Versorgungslücken größer.[183]

Solche Lücken lassen sich auch nicht durch die Ausdehnung von Kindererziehungszeiten schließen. Zum einen hat eine beachtliche Zahl erwerbstätiger Frauen gar keine Kinder und zum anderen sind bei nur wenigen Kindern die Ansprüche zu gering, um einen Ausgleich zu schaffen.[184] Kommt zu einer gebrochenen Erwerbs- eine gebrochene Ehe- und Familienbiographie, ist die über öffentliche Transfers organisierte Teilhabe an der Wertschöpfung in aller Regel unzulänglich.

2.42 Wirkungen der Individualisierung auf die Teilhabeformen

2.42.1 Private Transfers

Das hohe Maß an Individualisierung ist eine weitere Erschwernis für ein funktionierendes System privater Transfers. Ob der

---

183 Diesem Befund steht der Anstieg der Höhe der durchschnittlichen Entgeltpunkte von westdeutschen Frauen in der GRV zwischen 1983 und 1996 nicht entgegen. Ihre Versorgungssituation wird sich auch in Zukunft nur mäßig verbessern. Vgl. Bundesregierung (1998), S. 142.

184 1999 wird die Kindererziehungsleistung mit 90 vH des Durchschnittslohns bewertet. Dies sind in Westdeutschland 42,70 und in Ostdeutschland 36,46 DM pro Kind und Monat. Ab Juli 2000 werden Kindererziehungszeiten mit 100 vH des Rentenwerts gerechnet.

geschwächte Familienverband effektiv durch andere Sozialverbände ersetzt werden wird, ist ungewiß.[185]

2.42.2 Öffentliche Transfers

In einer hochgradig individualisierten Gesellschaft stehen zwischen dem Individuum und dem Staat häufig keine leistungsfähigen Zwischeninstanzen mehr. Der einzelne ist weithin vom Staat unmittelbar abhängig.[186] Das gilt besonders für die Teilhabe als Nicht-mehr-Aktiver an der Wertschöpfung. Solange hierbei öffentliche Transfers eine Schlüsselrolle spielen, braucht der einzelne einen eigenständigen, das heißt nicht von Dritten abgeleiteten Anspruch.

2.42.3 Private Vermögen

Private Vermögen sind in individualistischen Gesellschaften neben öffentlichen Transfers wesentlich für die Teilhabe Nicht-mehr-Aktiver an der Wertschöpfung. Ohne private Vermögen ist Individualisierung weithin fiktiv. Ein Individuum, das unmittelbar und existentiell vom Staat abhängt, kann nicht wirklich eigenständig, also individuell handeln. Darüber hinaus ist ein solches Individuum dem Staat gegenüber nicht souverän. Souveränität ist jedoch Voraussetzung für Demokratie.

2.42.4 Öffentliche Vermögen

Für öffentliche Vermögen gelten die gleichen Grundaussagen wie für öffentliche Transfers.

2.5 Schlußfolgerungen

Soll Alter nicht zu Armut führen, muß in Deutschland aufgrund der demographischen Veränderungen die Teilhabe der Nicht-

185 Vgl. Ziffer 1.11.

186 Vgl. Miegel, M./Wahl, S. (1998), S. 52f.

mehr-Aktiven an der Wertschöpfung bis zum Jahre 2040 von derzeit knapp einem Fünftel auf etwa ein Drittel erhöht werden.[187] Diese Erhöhung ist unabhängig von der Form der Teilhabe. Gestaltbar ist jedoch die Art und Weise, in der sie erfolgt. Dabei sind Anleihen bei historischen und/oder ausländischen Vorbildern nur bedingt möglich. Denn eine ähnliche Herausforderung war bisher noch nie zu bewältigen.

Zur Zeit haben die Nicht-mehr-Aktiven zu etwa zwei Dritteln durch öffentliche Transfers und zu einem Drittel durch private Vermögen an der Wertschöpfung teil. Von den öffentlichen Transfers sind drei Fünftel beitrags- und zwei Fünftel steuerfinanziert.[188] Knapp 60 vH dieser Transfers werden ohne entsprechende Vorleistung erbracht.[189] Individuell ist die Form der Teilhabe sehr unterschiedlich. Sie kann in vollem Umfang - wie oft bei Selbständigen - über private Vermögen oder - wie oft bei öffentlich Bediensteten - über steuerfinanzierte Transfers organisiert sein. Dazwischen ist jede Mischform möglich.

Bliebe die gegenwärtige Gewichtung der Teilhabeformen unverändert, müßte den Nicht-mehr-Aktiven in 40 Jahren statt eines Achtels reichlich ein Fünftel der Wertschöpfung durch öffentliche Transfers und statt eines Siebzehntels ein Zehntel durch private Vermögen zufließen. Damit müßten der Staatsanteil und mit ihm die Abgaben der Bürger beträchtlich erhöht und/oder sonstige öffentliche Leistungen spürbar vermindert werden. Die Folge wäre eine nachhaltige Veränderung des Verhältnisses von Bürgern und Staat. Stiege der Staatsanteil im erforderlichen Umfang, diente das wirtschaftliche Handeln des

---

187 Vgl. Anmerkung 105.

188 Vgl. Ziffer 1.12.

189 Hierin sind die steuerfinanzierten Transfers aller gesetzlichen Alterssicherungssysteme sowie die Beitragszahlungen der GRV enthalten, die Umverteilungszwecken dienen. Vgl. Ziffer 1.12.

einzelnen vornehmlich der Erfüllung öffentlicher Aufgaben. Sein verfügbares Einkommen würde in der Regel auf weit unter die Hälfte des von ihm Erwirtschafteten sinken. Bliebe der Staatsanteil hingegen unverändert, müßten Aufgaben wie die innere und äußere Sicherheit, Bildung, Kultur oder Verkehr vernachlässigt werden. Mehr als 40 vH der öffentlichen Ausgaben würden nämlich für öffentliche Transfers an Nicht-mehr-Aktive benötigt.

Sollen diese Folgen vermieden werden, muß die Gewichtung zwischen öffentlichen Transfers und privaten Vermögen zugunsten Letzterer verlagert werden. Würde beispielsweise dem alten Bevölkerungsteil auch künftig ein Achtel der Wertschöpfung durch öffentliche Transfers zufließen, würde deren Anteil an der Gesamtversorgung von heute zwei Dritteln auf reichlich zwei Fünftel zurückgehen. Entsprechend müßte die Teilhabe durch private Vermögen von einem Drittel auf knapp drei Fünftel steigen.[190] Voraussetzung hierfür wäre eine reale Verdopplung der Vermögen Nicht-mehr-Aktiver.

Eine solche Verdopplung liegt im langfristigen Trend und ist daher durchaus möglich. Das Problem ist die ungleiche Vermögensverteilung, die eine angemessene Teilhabe aller Nicht-mehr-Aktiven an der Wertschöpfung erschwert. Diese Ungleichverteilung hat mehrere Gründe. Zu den wichtigsten zählt jedoch, daß die Vermögensbildungskapazität abhängig Beschäftigter zu einem großen Teil durch die Finanzierung öffentlicher Transfers gebunden wird. Ohne diese Bindung könnten zumindest durchschnittliche Einkommensbezieher - ähnlich wie Selbständige - substantielle Vermögen aufbauen und im Alter verzehren.

---

190 Bei schrittweiser Erhöhung des durchschnittlichen Rentenzugangsalters auf 62 Jahre müßte sich dieser Anteil auf lediglich etwa 55 vH erhöhen.

Damit tritt die Teilhabe Nicht-mehr-Aktiver an der Wertschöpfung in eine neue historische Phase. Verändert sich die Gewichtung öffentlicher Transfers und privater Vermögen nicht, wird der Staat für die Bürger allein aus demographischen Gründen zu einer Last, die freiheits- und demokratiegefährdend wirkt. Er erlangt eine Dominanz, die einem freiheitlichen, im internationalen Wettbewerb stehenden Gemeinwesen schadet. Alternativ können öffentliche Transfers zumindest teilweise durch private Vermögen ersetzt werden. Bei Beziehern überdurchschnittlicher Einkommen ist das schon jetzt möglich. Bezieher durchschnittlicher Einkommen sind hierzu in der Lage, wenn ihre Steuer- und Beitragslast für Zwecke der Finanzierung öffentlicher Transfers keinesfalls erhöht und mittelfristig sogar gesenkt wird. Nur Bezieher unterdurchschnittlicher Einkommen müssen wie bisher weitgehend durch öffentliche Transfers versorgt werden.[191]

Die Umstellungen, die hierfür erforderlich sind, müssen allerdings auch einer anhaltenden Bedeutungsabnahme von Erwerbsarbeit im Wertschöpfungsgefüge Rechnung tragen. Durch die vorrangige Belastung von Erwerbsarbeit mit den Kosten öffentlicher Transfers haben sich deren internationale Wettbewerbsfähigkeit und deren Wettbewerbsfähigkeit im Verhältnis zu Kapital und Wissen vermindert. Darüber hinaus ist die Annahme, jeder, der dies wolle, könne durch Erwerbsarbeit auskömmliche Transferansprüche erwerben, zunehmend wirklichkeitsfremd. Das gleiche gilt für die Unterstellung, durch die Ehe sei die Mitversorgung nicht Erwerbstätiger sichergestellt.

---

191 Für das Umverteilungsvolumen ist unerheblich, ob die Beitragszahlungen dieses Bevölkerungsteils oder deren Alterseinkommen subventioniert werden.

Die Anpassung der Alterssicherung an die geänderten demographischen, wirtschaftlichen und gesellschaftlichen Bedingungen bedeutet mithin:

- Die Abgaben der Bürger zur Finanzierung öffentlicher Transfers zugunsten Nicht-mehr-Aktiver dürfen, gemessen an ihren Einkommen, nicht steigen. Dabei ist gleichgültig, ob der Anstieg durch Steuern oder Beiträge bewirkt wird. Mittelfristig ist die Abgabenlast zu mindern.
- Die Vermögensbildungskapazität durchschnittlicher Einkommensbezieher muß nachhaltig verbessert werden. Voraussetzung hierfür ist wiederum die Verminderung öffentlicher Lasten. Das ist zugleich ein wichtiger Beitrag zur Stärkung des Leistungswillens in der Bevölkerung.
- Nicht-mehr-Aktive müssen an der Wertschöpfung auch dann auskömmlich teilhaben können, wenn sie zuvor keiner Erwerbsarbeit nachgegangen sind oder nur eine lückenhafte Erwerbsbiographie aufweisen. Ungleichbehandlungen sind im Rahmen öffentlicher Transfers zu beseitigen. Das ist Ausdruck des Solidargedankens.
- Jeder Nicht-mehr-Aktive muß einen eigenständigen, das heißt nicht von einem anderen abgeleiteten Anspruch auf Teilhabe an der Wertschöpfung erhalten.
- Der Anspruch auf Teilhabe muß verläßlich und in seiner Höhe vorhersehbar sein.
- Die Teilhabe Nicht-mehr-Aktiver an der Wertschöpfung darf nur einen geringen bürokratischen Aufwand erfordern.

3 Reformstrategien nicht schlüssig

3.1 Annahmen

Die sich ändernden Grundlagen der Teilhabe Nicht-mehr-Aktiver an der Wertschöpfung haben in Deutschland wie in vielen anderen Ländern zu einer kritischen Überprüfung der tradierten Teilhabeformen und ihrer Gewichtung geführt. Dabei ist ein recht weitgehender Konsens in bezug auf den Befund festzustellen. Das zeigen beispielhaft die Einlassungen der politischen Parteien in Deutschland, denen in der einen oder anderen Weise auch die Tarifparteien zugeordnet werden können.

3.11 Bevölkerungsaufbau

Beim Bevölkerungsaufbau wird übereinstimmend davon ausgegangen, daß sich das zahlenmäßige Verhältnis zwischen Aktiven und Nicht-mehr-Aktiven in den nächsten Jahrzehnten sehr nachhaltig zu Lasten ersterer verschieben wird. Unterschiede, z.B. bei der Einschätzung der künftigen Geburtenentwicklung oder des Anstiegs der Lebenserwartung, halten sich in Grenzen.

3.12 Erwerbsarbeit

Nicht ganz so einhellig sind die Annahmen über die weitere Entwicklung der Erwerbsarbeit, obwohl auch hier ein Grundkonsens besteht. Keine Partei geht von einer quantitativen oder qualitativen Wiederherstellung früherer Beschäftigungsbedingungen aus. Aus der Sicht aller werden der Anteil von Nicht-Normarbeitsverhältnissen - freiwillig oder unfreiwillig - weiter steigen und niedrig bezahlte Tätigkeiten an Bedeutung gewinnen. Eine dauerhafte Zunahme des Arbeitsvolumens liegt zumindest explizit keiner Strategie zugrunde. Hingegen wird mehrheitlich von einer steigenden Erwerbstätigen- und sinkenden Arbeitslosenquote ausgegangen. Zur künftigen Entwicklung der Arbeitseinkommen äußert sich keine Partei.[192]

3.13 Vermögenslage

Die verbesserte Vermögenslage der privaten Haushalte wird von den Parteien allenfalls mittelbar thematisiert, wenn z.B. die Union bei der Regelung der Hinterbliebenenversorgung künftig sonstige Einkommen berücksichtigen oder Bündnis 90/Die Grünen hohe Renten zugunsten niedriger Renten umverteilen will.[193]

3.14 Individualisierung

Die Folgen der Individualisierung werden zwar von allen Parteien gesehen, doch wird ihnen recht unterschiedliche Bedeutung beigemessen. Bei Union und FDP spielen sie eine eher untergeordnete Rolle, für SPD, Bündnis 90/Die Grünen und PDS sind sie Anlaß, politisch aktiv zu werden.

---

192 Aussagen hierzu finden sich lediglich in der nicht veröffentlichten Erläuterung zur Modellrechnung der Kommission "Fortentwicklung der Rentenversicherung", die von der Bundesregierung berufen wurde, um im Vorfeld des Rentenreformgesetzes 1999 Vorschläge zu entwickeln. Vgl. BMAS (1997c).

193 Dieser Vorschlag ist vor dem Hintergrund der sich abzeichnenden Finanzierungsprobleme der GRV im Zuge des Bundesverfassungsgerichtsurteils zur Reform des Familienleistungsausgleichs vom November 1998, veröffentlicht im Januar 1999, von den Grünen erneut in die Diskussion gebracht worden. (Akten-Zeichen 2BvR 1057/91).

3.2 Maßnahmen

3.21 Bevölkerungsaufbau

3.21.1 Beitragserhöhungen

Mit Ausnahme der FDP wollen alle Parteien auf die Zunahme des alten Bevölkerungsteils mit der Ausdehnung öffentlicher Transfers reagieren. Daß dadurch die Abgabenlast erhöht und der Staatsanteil vergrößert werden,[194] nehmen sie in Kauf. Eine deutliche Minderung sonstiger staatlicher Ausgaben zugunsten eines breiteren öffentlichen Transferstroms an die Alten ist nicht vorgesehen. Die Unionsparteien auf der einen und die übrigen Parteien auf der anderen Seite unterscheiden sich nur darin, daß erstere den breiteren Transferstrom sowohl durch höhere Rentenbeiträge als auch durch höhere Steuern finanzieren wollen, während letztere ausschließlich auf höhere Steuern abstellen.[195] Nach ihren Vorstellungen sollen die Beiträge sogar gesenkt und dann auf niedrigem Niveau gehalten werden.[196]

Wiederum mit Ausnahme der FDP sind sich die Parteien ferner darin einig, die Einnahmen der gesetzlichen Rentenversicherung durch die Erweiterung des Versichertenkreises zu verbessern. Allerdings will sich die Union auf die Einbeziehung bislang nicht sozialversicherungspflichtiger, abhängig Beschäftigter und sogenannter Scheinselbständiger beschrän-

---

194 Vgl. Ziffer 2.14.2.

195 Bündnis 90/Die Grünen und PDS plädieren darüber hinaus allerdings für höhere Beitragseinnahmen dadurch, daß die Beitragsbemessungsgrenzen schrittweise aufgehoben bzw. erhöht werden.

196 Vgl. SPD (1998), S. 29, Bündnis 90/Die Grünen (1998), S. 78 und FDP (1998), S. 26.

ken, während die anderen Parteien alle Bürger, also auch Selbständige und Beamte, zu Beiträgen heranziehen möchten.

Mit dieser Vorgehensweise wird der bisherige Kurs fortgesetzt. Seit Jahrzehnten werden die öffentlichen Transfers erhöht und die Bevölkerung zu deren Finanzierung herangezogen. Das zeigt die Entwicklung der Beiträge und der indirekten Steuern. 1970 betrug die Mehrwertsteuer 11 vH und der Beitragssatz zur gesetzlichen Rentenversicherung 17 vH. Heute liegen die Vergleichswerte mit 16[197] bzw. 19,5 vH um knapp die Hälfte bzw. ein Siebentel höher. Hinzu kommt eine eigens eingeführte Ökosteuer, die ebenfalls der Finanzierung öffentlicher Transfers an Altersrentner und Erwerbsunfähige dient. Und die Lasten werden weiter zunehmen. Schon im Rentenreformgesetz 1999, das eine Rückführung des Rentenniveaus von 70 auf 64 vH des Nettoarbeitsentgelts[198] sowie eine Erhöhung des Steueranteils an der Rentenfinanzierung vorgesehen hatte, war von einem Anstieg der Rentenversicherungsbeiträge auf 22,9 vH bis 2030 ausgegangen worden. Nachdem die Rückführung des Rentenniveaus nunmehr wieder aufgehoben worden ist,[199] bleibt nur, die Renten auf andere Weise zu drosseln[200]

---

197 1998 wurde die Mehrwertsteuer ausschließlich für Zwecke der Finanzierung des Alterstransfers von 15 auf 16 vH erhöht.

198 Mit Hilfe eines Demographiefaktors sollte künftig bei Rentenanpassungen die gestiegene Lebenserwartung der Rentner und damit die längere Rentenbezugsdauer berücksichtigt werden. Dadurch verringert sich das Rentenniveau.

199 Mit dem Gesetz zu Korrekturen in der Sozialversicherung und zur Sicherung der Arbeitnehmerrechte vom 19. Dezember 1998 wurde die Einführung eines Demographiefaktors zur Anpassung der Renten für die Jahre 1999 und 2000 ausgesetzt.

200 Dies kann beispielsweise durch eine Drosselung der Entwicklung der Nettoarbeitsentgelte oder durch eine Abkopplung von der Nettolohnentwicklung geschehen.

bis 2035 auf 31 bis 35 vH[201] der Bruttoarbeitsentgelte klettern zu lassen bzw. ersatzweise entsprechende Steuererhöhungen vorzunehmen.

Dabei werden schon die derzeitigen Belastungen von vielen Aktiven als Grenzwert angesehen, jenseits dessen private Aktivitäten unzumutbar eingeschränkt, die Wettbewerbsfähigkeit der Wirtschaft beeinträchtigt, die Schaffung von Arbeitsplätzen erschwert und die Staatsquote übermäßig aufgebläht werden. Von vielen[202] wird dieser Grenzwert sogar schon für überschritten erachtet. Als Folgen sehen sie die Zunahme illegaler Beschäftigung, Schwarz- und Eigenarbeit, die Ausbreitung von Scheinselbständigkeit und geringfügiger Beschäftigung sowie den Rückzug freiwillig versicherter Selbständiger aus der gesetzlichen Rentenversicherung.[203] Die Bevölkerung hat begonnen, auf ihre Weise über die Höhe der Sozialabgaben abzustimmen, die - wie Schaubild 12 verdeutlicht - im internationalen Vergleich in der Tat hoch sind.

Der bisherige Kurs droht damit zum Kollisionskurs zu werden. Zwar erklärt noch immer die Mehrheit der Bevölkerung, sie sei zur Finanzierung des bestehenden Systems der gesetzlichen Alterssicherung bereit.[204] Doch der Wert dieser Erklärung

---

201 Diesen Beitragssätzen liegen vergleichsweise ungünstigere Annahmen bezüglich der Entwicklung von Bevölkerung, Erwerbsbeteiligung, des Bundeszuschusses sowie der Rentenanwartschaften zugrunde. Vgl. Deutscher Bundestag (1998), S. 360 sowie DIAV (1998), S. 16 und 21.

202 Hierzu gehören Teile der Wissenschaft und die Arbeitgeber.

203 Vgl. Ziffer 2.22.2.

204 Vor die Wahl gestellt, höhere Beiträge oder geringere Renten in Kauf zu nehmen, sprachen sich Ende 1996 49 vH der Bevölkerung für höhere Beiträge und nur 28 vH für niedrigere Renten aus. Vgl. Noelle-Neumann, E./Köcher, R. (1997), S. 722.

Schaubild 12: Sozialbeitragsquote in Deutschland und der übrigen EU 1965-1995

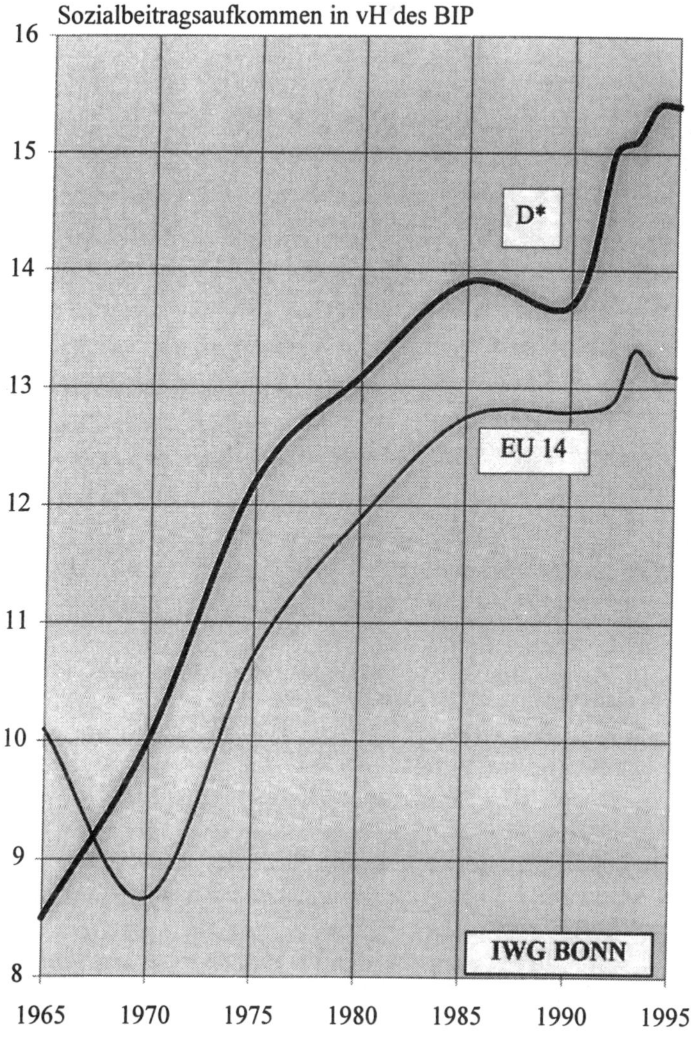

*bis 1990 Westdeutschland

Quellen: OECD, Eurostat, Berechnungen des IWG BONN

ist gering. Denn die Mehrheit hat nur vage und oft unzutreffende Vorstellungen über die Funktionsweise dieses Systems, und sie kennt nicht dessen Kosten.[205] Dies ist im wesentlichen darauf zurückzuführen, daß beide seit Jahrzehnten von Seiten der Politik verschleiert werden. Statt ungeschminkt von öffentlichen Transfers zu sprechen, wurde lange die Illusion genährt, die GRV sei eine Art Sparkasse, die die Beiträge sammelt und eines Tages mit Zins- und Zinseszins wieder ausbezahlt. Statt die Kosten dieser Transfers offenzulegen, wurde ein schwer durchschaubares System von Steuer- und Beitragsfinanzierung sowie hälftiger Finanzierung der Sozialabgaben durch Arbeitnehmer und Arbeitgeber geschaffen.[206] Diese Verschleierung war und ist Voraussetzung für die Akzeptanz des Systems. Die Mehrheit derer, die es durchschauen, lehnt es nämlich ab.

Nicht zuletzt deshalb streben alle Parteien nach einem höheren Steueranteil bei der Finanzierung öffentlicher Transfers zugunsten Nicht-mehr-Aktiver. Auch wenn auf diese Weise die Aufkommensbasis verbreitert[207] und die Erwerbsarbeit entlastet werden,[208] ist die Anonymisierung der Finanzierung ein bedeutendes Element der in Aussicht genommenen oder bereits

---

205 Auf die Frage nach der aktuellen Höhe der Sozialabgaben gaben 1996 lediglich 12 vH der abhängig Beschäftigten die richtige Antwort. Reichlich die Hälfte unterschätzte die Sozialabgaben. Reichlich 30 vH wußten die Antwort nicht oder machten keine Angabe. Vgl. Noelle-Neumann, E./Köcher, R. (1997), S. 695.

206 Durch die hälftige Aufteilung der Beiträge auf Arbeitgeber und Arbeitnehmer wird beim Arbeitnehmer die Illusion genährt, der Arbeitgeber beteilige sich an der Finanzierung der Sozialabgaben. Durch die Beschränkung der Gehaltsabrechnung auf den Bruttolohn wird außerdem die Gesamthöhe der Sozialabgaben in der Regel unterschätzt.

207 Vgl. Ziffer 1.12.

208 Vgl. Ziffer 1.12.

auf den Weg gebrachten Maßnahmen. Dennoch bleiben die Aktiven auch bei einer Erhöhung des Steueranteils die Hauptbetroffenen. Ihre Lebens- und Entfaltungschancen werden beeinträchtigt - gleichgültig, ob die Beitrags- und/oder Steuerlast wächst. Etwas anderes würde nur gelten, wenn im gleichen Umfang, in dem die Steuern steigen, die Beiträge sinken würden. Das aber ist unmöglich, solange das Ziel aller Eingriffe die Verbreiterung des Transferstroms ist.

Damit muten die Parteien den jüngeren Jahrgängen öffentliche Lasten zu, die die jetzt älteren nicht zu tragen bereit sind. Das ist nicht nur ethisch angreifbar, sondern auch wirklichkeitsfremd. Die Jüngeren dürften sich nämlich künftig ähnlich verhalten wie die jetzt Älteren und sich den Lasten wo immer möglich entziehen. Die Vorstellung, der Staat könne dies vereiteln, entbehrt zumindest in einem freiheitlich-demokratischen Gemeinwesen der Grundlage. Oder umgekehrt, um eine solche Vorstellung umzusetzen, bedarf es des repressiven Staates. In einem freiheitlichen Gemeinwesen verhallt der Appell an solidarisches Verhalten, wenn dieses nicht einsichtig ist und nicht vorgelebt wird.

Diese Klippe wird auch nicht umschifft, wenn - wie ebenfalls angestrebt - der Versichertenkreis erweitert wird. Damit kann allenfalls die Einnahmesituation der öffentlichen Kassen kurzfristig gebessert werden. Schon mittelfristig wächst mit der Zahl der Beitragszahler die Zahl der Leistungsberechtigten. Dabei werden letztere gerade dann zahlenmäßig zunehmen, wenn sich die öffentlichen Transfers aus Gründen der Demographie ohnehin in einer besonders schwierigen Lage befinden. Mit der Erweiterung des Versichertenkreises werden die Finanzierungsprobleme der öffentlichen Transfers also lediglich ein wenig in die Zukunft verlagert. Dann aber brechen sie umso heftiger auf. Das heißt nicht, daß es kein politisch sinnvolles

Ziel ist, für alle Bürger kraft Gesetzes eine Alterssicherung zu begründen. Nur ist das im Rahmen der bestehenden Systeme nicht möglich. Abgesehen davon, daß ihr Bestand keineswegs gewährleistet ist, sind sie beispielsweise für geringfügig Beschäftigte wirtschaftlich sinnlos. Diese können, wie viele andere Erwerbstätige auch, in der GRV keine existenzsichernden Ansprüche oder auch nur namhafte Zuschüsse zu ihrem Lebensunterhalt erwerben. Dazu sind ihre Beiträge zu gering.

3.21.2 Leistungsminderung

Um die Zusatzbelastungen für die Aktiven etwas zu dämpfen, wollen alle Parteien - wie im Rentenreformgesetz 1999 bereits beschlossen - das Rentenzugangsalter für Altersrenten für Männer und Frauen übereinstimmend schrittweise auf das 65. Lebensjahr erhöhen. Diese Maßnahme erscheint angemessen und zweckdienlich. Nur dürften ihre Entlastungswirkungen im Ergebnis eher bescheiden sein.[209]

Nicht zuletzt deshalb wollen Unionsparteien und FDP darüber hinaus das Rentenniveau senken. Sie unterscheiden sich jedoch hinsichtlich Geschwindigkeit und Umfang dieser Senkung. Während die Union das Rentenniveau eines Eckrentners bis 2030 von 70 auf 64 vH des durchschnittlichen Nettoarbeitsentgelts zurückführen will, strebt die FDP eine deutlich raschere und spürbarere Rückführung an. Hiergegen sind SPD, Bündnis 90/Die Grünen und PDS. Sie wollen die Renten nicht nur auf ihrem derzeitigen Niveau halten, sondern auch noch denen eine Mindestsicherung[210] gewähren, die keine existenzsichernden Einkommen haben. Diese Konzepte haben ihre spezifi-

---

209 Vgl. Ziffer 2.13.

210 Diese Mindestsicherung heißt bei SPD und PDS "soziale Grundsicherung" und bei den Grünen "bedarfsorientierte Grundsicherung".

schen Vor- und Nachteile, sind aber letztlich beide nicht durchführbar.

Der entscheidende Mangel des Konzeptes von Union und FDP ist, daß bei einer linearen Absenkung des Rentenniveaus, bei der niedrige Renten proportional genauso gekürzt werden wie hohe, immer mehr Renten unter die Sozialhilfesätze sinken. 1997 traf das in Westdeutschland auf etwa reichlich die Hälfte der Renten zu. Durch die im Rentenreformgesetz 1999 in Aussicht genommene Niveausenkung wäre dieser Anteil im Laufe der Zeit auf über drei Fünftel gestiegen. Zwar bedeutet das nicht, daß damit reichlich die Hälfte oder drei Fünftel der Rentner auf Sozialhilfe angewiesen sind. Viele haben mehr als nur eine Rente oder sonstige Einkommen.[211] Doch kann dieser Befund nur bedingt auf die Zukunft übertragen werden. Mit der Zunahme gebrochener Erwerbs- und Ehebiographien wird nämlich die Zahl nur mäßig versorgter alter Menschen erheblich steigen.[212] Wird das Niveau auch ihrer Rentenansprüche gesenkt, dürfte schätzungsweise bis zu einem Fünftel des alten Bevölkerungsteils ohne Sozialhilfe keine auskömmlichen Alterseinkommen mehr haben.[213] Die Aktiven müßten dann zur Finanzierung der Sozialhilfe aufbringen, was sie an Abgaben für die gesetzliche Alterssicherung sparen. Finanziell würden sie also nicht entlastet, abgesehen davon, daß eine große Zahl alter Menschen ständig selbstwertbeeinträchtigende und kostenintensive Bedürftigkeitsprüfungen über sich ergehen lassen

---

211 So bezogen 1997 18,6 vH der Rentner mehr als eine Rente. Vgl. Tabelle 3 sowie Bundesregierung (1998), S. 25.

212 Vgl. Ziffer 2.41.

213 1997 bezogen 1,6 vH der über 60jährigen laufende Hilfe zum Lebensunterhalt innerhalb und außerhalb von Einrichtungen. Allerdings befinden sich derzeit Jahrgänge in Rente, die lange, ungebrochene Erwerbs- und Ehebiographien aufweisen.

müßte, um über öffentliche Transfers auskömmlich an der Wertschöpfung teilhaben zu können.

Das wurde von SPD, Bündnis 90/Die Grünen und PDS zutreffend erkannt. Ihre Forderung nach einer Mindestsicherung ist im Blick auf künftige Entwicklungen von Wirtschaft und Gesellschaft nicht nur einsichtig, sondern zwingend. Nur sprengen sie den Rahmen des finanziell Machbaren, wenn sie neben dieser Mindestsicherung das bestehende Rentensystem einschließlich seines derzeitigen Niveaus mehr oder minder aufrecht erhalten wollen.[214] Für die Aktiven heißt das nämlich, daß sie mit Abgaben noch höher belastet würden, als dies bei Fortführung des bestehenden Systems der Fall wäre. Daß sie das hinnehmen werden, ist unwahrscheinlich.[215]

Alle Parteien befinden sich damit in einem Dilemma, das innerhalb des bestehenden Systems nicht zu lösen ist. Senken sie - wie Unionsparteien und FDP - das Rentenniveau, erleichtern sie zwar die Bürde für die Aktiven. Zugleich erzeugen sie jedoch Altersarmut. Vermeiden sie demgegenüber - wie die übrigen Parteien dies wollen - Altersarmut, überfordern sie die Aktiven. Im einen wie im anderen Falle schwindet die Akzeptanz für das bestehende System. Leistung und Gegenleistung entsprechen nicht mehr einander.

3.22 Erwerbsarbeit

Alle Parteien sind sich darin einig, daß Erwerbsarbeit von Sozialbeiträgen entlastet werden muß, wenn sie gegenüber Kapital und Wissen sowie auf dem Weltarbeitsmarkt wettbewerbsfähig bleiben soll. Einig sind sie sich ferner, zu diesem Zweck die sogenannten versicherungsfremden Leistungen wie Kriegs-

---

214 Nur die Grünen wollen höhere Renten zugunsten niedrigerer Renten abbauen. Vgl. Bündnis 90/Die Grünen (1998), S. 78.

215 Vgl. Ziffer 2.22.2.

folgelasten,[216] Frührenten wegen Arbeitslosigkeit oder Anrechnungszeiten für Studium und Ausbildung entweder aus der gesetzlichen Rentenversicherung herauszulösen oder innerhalb dieser in vollem Umfang über Steuern zu finanzieren. Dieses Vorhaben ist sowohl in der einen wie der anderen Variante zweckdienlich und sinnvoll. Es ist aber nicht geeignet, die Belastung der Erwerbsarbeit mit den Kosten von Sozialtransfers spürbar und vor allem dauerhaft zu mindern. Das zeigen die Zahlen.

1995[217] betrugen die versicherungsfremden Leistungen der Arbeiter- und Angestelltenversicherung rund 100 Milliarden DM. Hiervon waren 73 Milliarden DM sachgerecht durch einen steuerfinanzierten Bundeszuschuß gedeckt. Der finanzielle Gestaltungsraum beschränkte sich mithin auf etwa 27 Milliarden DM oder knapp 2 Beitragspunkte. Seitdem ist dieser Gestaltungsraum noch wesentlich enger geworden. Zum einen wurde der Bundeszuschuß weiter erhöht, zum anderen schmelzen die versicherungsfremden Leistungen zügig ab. Ursächlich hierfür ist vor allem der biologisch bedingte Rückgang der Kriegsfolgelasten, die Verkürzung der Anrechnungszeiten für Studium und Ausbildung sowie das Auslaufen der Zuschläge für Ostrenten bei der Umstellung des DDR-Rentensystems. Für diese Leistungen wurden 1995 noch rund 45 Milliarden DM im Jahr aufgewandt. Binnen zehn Jahren dürfte dieser Betrag auf

---

216 Hierunter fällt die rentenrechtliche Entschädigung in Form von Ersatzzeiten von Personen, die durch Kriegsdienst, Gefangenschaft, Flucht und Vertreibung keine Rentenansprüche erwerben konnten. Hinzu kommen die Leistungen nach dem Fremdrentengesetz, durch das die früheren Versorgungsansprüche von Aussiedlern anerkannt werden. 1995 machten die Kriegsfolgelasten 23,5 Mrd. DM aus. Vgl. VDR (1997), S. 10.

217 Neuere Daten liegen nicht vor.

schätzungsweise ein Drittel zurückgegangen sein. Dann könnte der Bundeszuschuß sogar gekürzt werden.[218]

Da die Parteien[219] dies vermeiden wollen, suchen sie nach Möglichkeiten, über die Steuerfinanzierung versicherungsfremder Leistungen hinaus den Steueranteil an der gesetzlichen Rentenversicherung zu erhöhen und so die Erwerbsarbeit zu entlasten. Eine dieser Möglichkeiten sehen sie in dem Konstrukt einer Garantenstellung des Staates. Danach soll der Bundeszuschuß nicht nach den versicherungsfremden Leistungen bemessen werden, sondern ganz allgemein Liquidität und Stabilität der gesetzlichen Rentenversicherung gewährleisten.[220]

Diese Vorgehensweise ist durchaus einsichtig. Eine Folge ist jedoch, daß damit das Ende des überkommenen, zumindest teilweise leistungsbezogenen Rentensystems[221] bewirkt wird. Denn wenn durch Steuern auch solche Renten, die keine versicherungsfremden Leistungen sind, (mit-)finanziert werden, wird die Rentenversicherung zu einer generellen Staatsbürgerversorgung. Der Kreis der Transferberechtigten müßte um alle erweitert werden, die zwar keine Beiträge, aber Steuern entrichten. Anderenfalls würden beispielsweise kleine Gewerbetreibende, die durchaus zu den wirtschaftlich Schwachen zählen können, zur Subventionierung von Renten vormals abhängig beschäftigter Spitzenverdiener herangezogen. Das ist nicht

218 Zwar werden auf mittlere Sicht die versicherungsfremden Leistungen aufgrund der zunehmenden Anrechung von Kindererziehungszeiten bei der Rentenberechnung wieder steigen. Die Mittel hierfür werden jedoch schon jetzt durch spezielle steuerfinanzierte Zuwendungen an die Rentenkasse aufgebracht.

219 Mit Ausnahme der FDP, die das gesamte Rentensystem grundlegend umstellen möchte.

220 Vgl. BMAS (1997c), S. 25.

221 Vgl. Ziffer 1.12.

nur ethisch-politisch sondern auch verfassungsrechtlich angreifbar.

Modellhaft gäbe es in einem solchen gemischt finanzierten System, wie es insbesondere SPD, Bündnis 90/Die Grünen und PDS vorschwebt, drei Arten von Rentnern. Die erste erhielte eine beitragsfinanzierte Rente aufgrund zuvor erbrachter Beiträge, die zweite zum Teil aufgrund zuvor erbrachter Beiträge und zum Teil - steuerfinanziert - aufgrund von Bedürftigkeit, und die dritte - ausschließlich steuerfinanziert - nur aufgrund von Bedürftigkeit. Das Leistungsprinzip wäre nicht länger aufrechtzuerhalten. Für die Rentenbezieher ist es nämlich letztlich gleichgültig, ob sie aus dem beitrags-, dem steuer- oder einem gemischt finanzierten Topf finanziert werden. Die Anreize, die Beiträge zu vermeiden, dürften für viele unwiderstehlich werden. Beitragszahlungen machten für den einzelnen keinen wirtschaftlichen Sinn mehr.

Weiter ist bei dieser Vorgehensweise erklärungsbedürftig, warum überhaupt noch an einer Beitragsfinanzierung festgehalten wird, wenn eine höhere Steuerfinanzierung die Voraussetzungen für Erwerbsarbeit verbessert. Die Parteien müssen sich entscheiden: Wenn - wofür vieles spricht - die Wettbewerbsfähigkeit von Erwerbsarbeit gegenüber Kapital, Wissen und konkurrierenden Arbeitskräften auf dem Weltarbeitsmarkt durch ihre Entlastung von Sozialabgaben gestärkt wird, kann diese nicht groß genug sein. Dann aber ist ein erwerbsarbeitsabhängiges Rentensystem nicht länger aufrechtzuerhalten. Es hat seine Fundierung eingebüßt. Insoweit sind die bisherigen Konzepte der Parteien unschlüssig.

3.23 Vermögenslage

Unionsparteien, SPD und vor allem die FDP[222] sind gemeinsam der Auffassung, daß die Teilhabe der Nicht-mehr-Aktiven an der Wertschöpfung im Wege privater oder öffentlicher Vermögen vergrößert werden müsse, um die demographischen Herausforderungen der kommenden Jahrzehnte zu bewältigen. Sie tragen damit dem Umstand Rechnung, daß zumindest höhere Einkommensgruppen künftig selbst dann keine lebensstandardsichernden öffentlichen Transfers[223] erwarten können, wenn diese parallel zur Zunahme des alten Bevölkerungsteils erhöht werden sollten.[224]

Allerdings zieht nur die FDP hieraus den Schluß, die Aktiven bei der Finanzierung öffentlicher Transfers zu entlasten, damit sie substantiell Vermögen bilden können. Die Unionsparteien wollen demgegenüber nur den Beitragsanstieg der gesetzlichen Rentenversicherung durch eine Absenkung des Rentenniveaus dämpfen. Die SPD will noch nicht einmal das.[225] Union und SPD bauen darauf, daß die deutsche und europäische Volkswirtschaft in Kürze aus ihrem - wie Schaubild 13 zeigt - jahrzehntelangen stabilen Wachstumspfad steil nach oben ausbrechen und so die Mittel für eine verstärkte Vermögensbildung schaffen werden. Auszuschließen ist das nicht. Aber es ist nicht wahrscheinlich. Zur Zeit jedenfalls gibt es hierfür keine Anhaltspunkte. Sollte jedoch kein derartiger lange anhaltender Wachstumsschub eintreten, schaffen die

---

222 Bündnis90/Die Grünen und PDS äußern sich zu diesem Komplex nicht explizit.

223 Der Begriff der lebensstandardsichernden Rente ist mittlerweile fast völlig aus der politischen Diskussion verschwunden. Vgl. auch DIAV (1999).

224 Vgl. Ziffer 2.14.3.

225 Vgl. Ziffer 3.21.2.

Schaubild 13: Bruttoinlandsprodukt je Einwohner in Deutschland und der übrigen EU 1960-2000

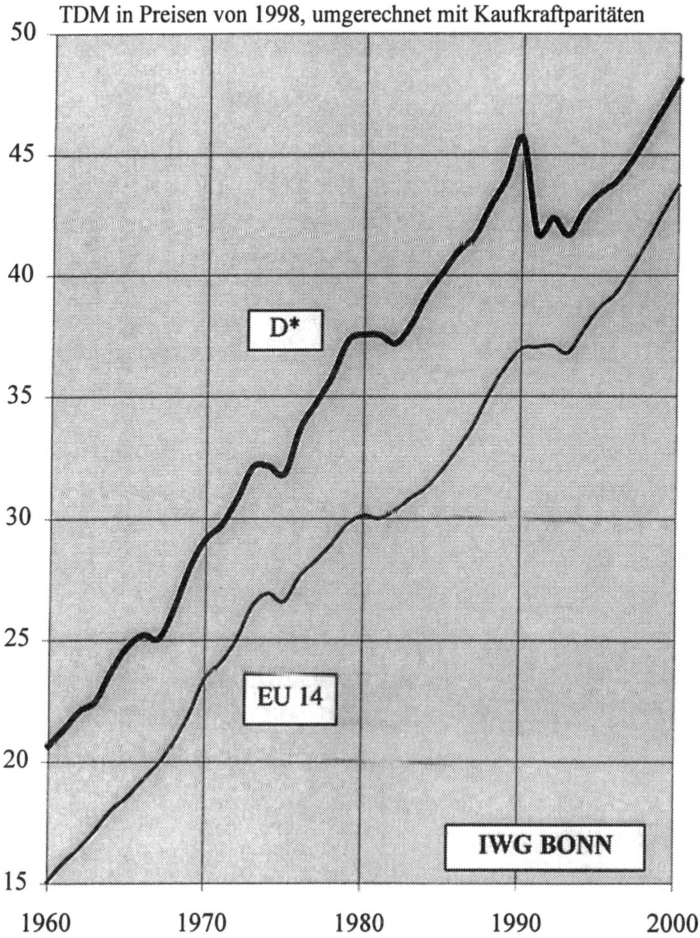

ab 1998 und für die EU teilweise auch frühere Jahre geschätzt

*bis 1990 Westdeutschland

Quellen: Statistisches Bundesamt, Eurostat, OECD, Berechnungen und Schätzungen des IWG BONN

Konzepte von Union und SPD keine ausreichenden Freiräume für eine verstärkte Vermögensbildung, namentlich von Beziehern durchschnittlicher und unterdurchschnittlicher Einkommen. Die Schlüssigkeit der Konzepte von Union und SPD hängt damit vom Eintritt höchst ungewisser Ereignisse ab. Bleiben sie aus, sind die Konzepte untauglich.

3.24 Individualisierung

Die Folgen der Individualisierung werden von allen Parteien gesehen, aber von Unionsparteien und FDP auf der einen sowie SPD, Bündnis 90/Die Grünen und PDS auf der anderen Seite recht unterschiedlich bewertet. Erstere wollen sich weitgehend auf eine Reform der Hinterbliebenenversorgung sowie die bessere Berücksichtigung von Kindererziehungs- und Pflegezeiten beschränken. Letztere wollen hingegen eine eigenständige Mindestsicherung unabhängig von der jeweiligen Erwerbs- und Ehebiographie. Damit entsprechen sie den gesellschaftlichen Veränderungen besser als Union und FDP. Das Konzept leidet jedoch an seiner unzureichenden Finanzierbarkeit. Die eigenständige Sicherung aller Bürger erfordert zusätzliche Mittel, die entweder zu einer noch höheren Belastung der Aktiven oder zur Einschränkung sonstiger öffentlicher Aufgaben zwingen.[226] Damit liegt auch in diesem Bereich kein schlüssiges politisches Konzept vor.

3.25 Sonstige Maßnahmen

Die Parteien sind sich ferner einig, daß nicht nur die gesetzliche Rentenversicherung, sondern auch die übrigen öffentlichen Transfersysteme, namentlich die Versorgung für Beamte und gleichgestellte Personengruppen, der Anpassung an die sich ändernden Grundlagen der Teilhabeformen Nicht-mehr-Aktiver

226 Vgl. auch Ziffer 2.14.2.

bedürfen. Allerdings ziehen sie aus dieser Einsicht wiederum sehr unterschiedliche Schlüsse. SPD, Bündnis 90/Die Grünen und PDS wollen mittelfristig alle Erwerbstätigen, also auch Beamte und Selbständige in die gesetzliche Alterssicherung einbeziehen, langfristig sogar alle Bürger.[227] Nur die Unionsparteien und FDP wollen grundsätzlich an den unterschiedlichen öffentlichen Transfersystemen festhalten. Doch sollen Beamte und andere künftig einen gewissen Beitrag zu ihrer Altersversorgung leisten. Darüber hinaus wird die Bildung eines Kapitalstocks für diese Personengruppen erwogen, mit dessen Hilfe demographisch besonders schwierige Phasen überbrückt werden sollen.[228]

3.3 Schlußfolgerungen

Die veränderten Grundlagen der Teilhabeformen Nicht-mehr-Aktiver an der Wertschöpfung werden von Parteien und gesellschaftlichen Gruppierungen weitgehend gesehen und zum Teil auch politisch angenommen. Doch sind die beschlossenen und in Aussicht gestellten Anpassungsmaßnahmen insgesamt unzulänglich, unschlüssig und mitunter widersprüchlich. So sollen die künftig Aktiven mit Soziallasten befrachtet werden, die erheblich über die hinausgehen, die die heute Aktiven zu tragen bereit sind. Warum diese Bereitschaft in Zukunft erheblich zunehmen soll, bleibt im Dunkeln. Diese Schwäche haftet vor allem den Konzepten von SPD, Bündnis 90/Die Grünen und PDS an. Umgekehrt sollen Leistungen so vermindert werden,

---

227 Vgl. SPD (1998), S. 40, Bündnis 90/Die Grünen (1998), S. 70 und PDS (1998), S. 6.

228 Gemäß dem Versorgungsreformgesetz 1998 müssen Beamte und Versorgungsempfänger zwischen 1999 und 2015 jährlich 0,2 vH ihrer Bezüge in einen Versorgungsfond zahlen, aus dem die ab 2020 besonders stark steigenden Ausgaben für die Alterssicherung der Beamten mitfinanziert werden sollen.

daß ein Teil der alten Bevölkerung verarmen dürfte. Vor dieser Schwierigkeit stehen namentlich Unionsparteien und FDP.

Ferner wollen alle Parteien, mit Ausnahme der FDP, die Erwerbsarbeit durch eine höhere Steuerfinanzierung der Sozialtransfers von Sozialbeiträgen entlasten. Zugleich soll jedoch ein erwerbsarbeitsabhängiges, leistungsbezogenes Rentensystem aufrechterhalten werden. Daß das eine das andere mehr oder minder ausschließt, wird verdrängt. Auch der Konflikt zwischen dem steigenden Mittelbedarf anschwellender öffentlicher Transfers und den Erfordernissen privater und öffentlicher Vermögensbildung bleibt ungelöst. Ähnliches gilt für die Gewährung eigenständiger Versorgungsansprüche für alle Nicht-mehr-Aktiven. So berechtigt dieses Anliegen ist: Solche eigenständigen Ansprüche lassen sich mit dem bestehenden System nicht vereinbaren. Weitgehend ausgespart bleiben schließlich die Ungereimtheiten, die sich aus der teilweisen Steuer- und teilweisen Beitragsfinanzierung öffentlicher Transfers und der Ungleichbehandlung der Transferempfänger im öffentlichen und nicht öffentlichen Bereich ergeben.

Der gemeinsame Mangel aller dieser Konzepte ist, daß sie letztlich auf halbem Wege stehenbleiben, oder konkret: inkonsequent sind. Sie beschränken sich darauf, einige notwendige und wünschenswerte Maßnahmen zu formulieren. Die Parteien scheuen jedoch davor zurück, der Bevölkerung auch die Voraussetzungen und Folgen ihrer Verwirklichung aufzuzeigen. Täten sie das, würde offenbar, daß die Konzepte im Rahmen der bestehenden Systeme öffentlicher Transfers zugunsten Nicht-mehr-Aktiver - wenn überhaupt - nur unzulänglich umzusetzen sind. Diese Hürde muß genommen werden, um die Alterssicherung entsprechend der veränderten wirtschaftlichen und gesellschaftlichen Bedingungen sachgerecht weiterzuentwickeln.

4 Die Lösung: solidarische Grundsicherung und private Vermögensbildung

4.1 Grundzüge der solidarischen Grundsicherung

4.11 Allgemein und gleich

Die gesetzlich organisierte Alters-, Erwerbsunfähigkeits- und Hinterbliebenenversorgung besteht ausschließlich aus einer Grundsicherung.

Mit der Gewährung einer Grundsicherung für Alte, Erwerbsunfähige und Hinterbliebene erfüllt das Gemeinwesen seine Verpflichtung zu sozialem und solidarischem Handeln. Die Grundsicherung gewährleistet, daß kein Bürger im Alter, bei Erwerbsunfähigkeit oder als nicht erwerbsfähiger Hinterbliebener in Not gerät. Vorsorge, die darüber hinausgeht, kann und muß in das Ermessen des einzelnen gestellt werden. Der Staat darf nur so weit in die Handlungs- und Gestaltungsräume der Bürger eingreifen, als dies für das Wohl des Gemeinwesens und seiner Glieder erforderlich ist. Weitergehende Eingriffe verletzen die individuellen Freiheitsrechte und die Würde des einzelnen, die nicht zuletzt in Eigenverantwortung ihren Ausdruck findet.

Durch die Beschränkung der gesetzlichen Alterssicherung auf eine Grundsicherung wird zugleich das individuelle Leistungsprinzip gestärkt. Denn für den einzelnen verbessern sich die Möglichkeiten und Anreize zu privater Vermögensbildung. In der Bildung privater Vermögen werden individuelle Leistungen ungleich wirksamer als in umlagefinanzierten, kollektiven Sicherungssystemen.[229] Darüber hinaus wird durch die

229 Vgl. Ziffer 1.21.

Vergrößerung des privaten Anteils der Alterssicherung personale Verantwortung unmittelbarer erfahrbar.

4.12 Individuell eigenständig
Alle Bürger, die bestimmte Voraussetzungen erfüllen, haben einen eigenständigen Anspruch auf eine Grundsicherung. Sie wird auf Antrag unabhängig von wirtschaftlicher Bedürftigkeit gewährt.

Alle Bürger heißt, daß - anders als im geltenden Recht - bei der Grundsicherung nicht zwischen Erwerbs- und Nichterwerbspersonen, Erwerbspersonen im privaten und im öffentlichen Bereich sowie abhängig Beschäftigten und Selbständigen unterschieden wird. Diese Unterscheidungen sind nicht mehr zeit- und sachgerecht.

Durch die *Gleichstellung von Erwerbs- und Nichterwerbspersonen* wird der Tatsache Rechnung getragen, daß aufgrund der abnehmenden Bedeutung von Erwerbsarbeit bei der Wertschöpfung[230] nicht jeder nach Belieben einer Erwerbsarbeit nachgehen und auf diese Weise einen existenzsichernden Versorgungsanspruch erwerben kann. Weiterhin bewirkt die Gleichstellung von Erwerbs- und Nichterwerbspersonen, daß die Erbringung gesellschaftlich wertvoller oder sogar unverzichtbarer Tätigkeiten wie die Erziehung von Kindern oder die Ausübung von Ehrenämtern nicht zu Benachteiligungen bei der Alterssicherung führen. Die historisch überholte Einengung des Arbeitsbegriffs auf die Erwerbsarbeit wird beseitigt. Der Einwand, daß dann auch Personen in den Genuß einer Alterssicherung kommen, die überhaupt keiner Arbeit nachgehen (wollen), wiegt demgegenüber gering. Zum einen wird diese Randgruppe bereits gegenwärtig auskömmlich im Rahmen der Sozialhilfe versorgt. Der Unterschied zur Grundsicherung besteht lediglich

---

230 Vgl. Ziffer 2.21.

darin, daß der zu Versorgende seine Bedürftigkeit dartun muß. Wer jedoch nie einer Tätigkeit nachgeht, wird hiermit keine Schwierigkeiten haben. Zum anderen ist es wirklichkeitsfremd anzunehmen, daß Menschen ihr ganzes erwerbsfähiges Leben keiner sinnvollen Tätigkeit nachgehen, nur weil sie im Alter eine Grundsicherung ohne Bedürftigkeitsprüfung erwarten können.

Durch die *Gleichstellung von Erwerbspersonen im privaten und im öffentlichen Bereich* wird die gegenwärtige Ungleichbehandlung von Beschäftigten in der Privatwirtschaft auf der einen und Beschäftigten im öffentlichen Bereich wie Parlamentariern, Beamten, Richtern oder Hochschullehrern auf der anderen Seite beendet.[231] Diese Ungleichbehandlung hat historische Gründe, die mittlerweile entfallen sind. So ist die Unabhängigkeit öffentlich Bediensteter heute hinlänglich durch Recht und Verfassung geschützt. Einer umfassenden staatlichen Altersversorgung bedarf es hierfür nicht mehr. Vielmehr würde die Unabhängigkeit öffentlich Bediensteter gegenüber Staat und Bürgern sogar gestärkt, wenn sie über eine substantielle private Alterssicherung verfügten. Darüber hinaus ist die Gleichbehandlung aller Erwerbspersonen unabhängig von ihrem Arbeitgeber ein wichtiger Beitrag zur Demokratisierung der Gesellschaft.

Durch die *Gleichstellung von abhängig Beschäftigten und Selbständigen* wird sichergestellt, daß vor allem letztere Personengruppe ebenfalls auskömmlich versorgt wird. Im bestehenden System ist das keineswegs selbstverständlich. Selbständige

231 So war 1995 in Westdeutschland das durchschnittliche Nettoeinkommen eines über 65jährigen Pensionärs zwei Drittel höher als das eines Rentners. Dabei war das Bruttoruhegehalt des Beamten reichlich doppelt so hoch wie die Bruttorente des Rentners. Vgl. Bundesregierung (1997), S. 144.

können heute trotz eines langen Arbeitslebens im Alter durchaus mittellos sein. Die Gleichstellung von abhängig Beschäftigten und Selbständigen ist um so zwingender, als künftig nicht nur der Anteil Selbständiger voraussichtlich zunehmen wird, sondern auch abhängige und selbständige Tätigkeiten von vielen nebeneinander her oder abwechselnd verrichtet werden dürften.

Die *Eigenständigkeit des Anspruchs* ist die Antwort auf die abnehmende Verläßlichkeit des Familienverbandes und der auf ihm gründenden abgeleiteten Versorgungsansprüche von Verwitweten und Waisen.[232] Bei der Grundsicherung gibt es keine von Dritten abhängige Hinterbliebenenversorgung mehr. Jeder alte, erwerbsunfähige oder noch nicht erwerbsfähige Bürger - gleichgültig ob ledig, verheiratet, verwitwet oder verwaist - hat einen eigenen Versorgungsanspruch.

Mit der Gewährung der Grundsicherung *unabhängig von wirtschaftlicher Bedürftigkeit* werden vor allem drei Ziele verfolgt:

Die Bürger erhalten einen starken *positiven Anreiz*, durch private Vermögensbildung zu ihrer Altersversorgung beizutragen. Müßten sie zunächst ihre privaten Ersparnisse verzehren, um einen Anspruch auf Grundsicherung geltend machen zu können, wäre es für viele wirtschaftlich sinnvoller, die private Vermögensbildung zu unterlassen. Denn um ein Vermögen zu bilden, das eine Altersversorgung in Höhe der Grundsicherung ermöglicht, muß ein durchschnittlicher Einkommensbezieher reichlich 22 Jahre lang ein Fünftel seines Nettoarbeitsentgelts sparen.[233] Erhielte er nur bei Bedürftigkeit eine Grundsicherung, gäbe es für ihn keinen Grund, diesen Verzicht auf sich zu

---

232 Vgl. Ziffer 2.41.

233 Unterstellt werden ein Jahresnettoarbeitsentgelt von 33.780 DM und ein Zinssatz von 4 vH.

nehmen. Um ihn hierzu zu bewegen, muß gewährleistet sein, daß seine Rücklage für Zwecke der privaten Altersvorsorge von Anfang an der Zusatzversorgung über die Grundsicherung hinaus dient.

Ferner wird auf diese Weise der *kostenintensive bürokratische Aufwand*, der mit Bedürftigkeitsprüfungen verbunden ist, vermieden. Würde die Grundsicherung nur bei Bedürftigkeit gewährt, müßten jährlich Millionen Menschen diese nachweisen. Denn zu prüfen wäre die Bedürftigkeit nicht nur zu Beginn der Alters- oder Erwerbsunfähigkeitsversorgung. Vielmehr müßten Empfänger von Grundsicherung ihre Bedürftigkeit immer wieder dartun und gegebenenfalls zu Unrecht erhaltene Mittel zurückerstatten.

Schließlich wirkt eine Grundsicherung, die nur bei wirtschaftlicher Bedürftigkeit gewährt wird, *diskriminierend*. Schätzungsweise bis zu zwei Fünftel des alten und erwerbsunfähigen Teils der Bevölkerung würden als Grundsicherungsempfänger offenbaren, daß sie in ihrem Arbeitsleben wenig erfolgreich waren und/oder ihre individuelle Altersvorsorge vernachlässigt hatten.[234] Umgekehrt gäbe es eine große Zahl Alter und Erwerbsunfähiger, die trotz großer persönlicher Vorsorgeleistungen und der mit ihnen verbundenen Opfer keinen höheren Lebensstandard genössen als Grundsicherungsempfänger. Das müßte als ungerecht empfunden werden. Gerecht ist hingegen, auch wohlhabenden Bürgern einen Anspruch auf Grundsicherung zu gewähren. Sie haben nämlich in der Regel weit überdurchschnittlich zu deren Finanzierung beigetragen.[235] Nehmen sie die Grundsicherung in Anspruch, erhalten

234 Vgl. Tabelle 3.

235 Dies gilt insbesondere für die direkte Besteuerung. 1998 trugen die 5 vH Steuerzahler mit einem Jahreseinkommen von mehr als 143.000 DM 41 vH des Einkommensteueraufkommens. Das dar-

sie allenfalls einen Bruchteil der von ihnen erbrachten Leistungen zurück. Das gilt um so mehr, als die Grundsicherung *nur auf Antrag* gewährt wird. Jedem Berechtigten steht es frei zu entscheiden, ob und wann er seinen Anspruch geltend macht.

Die Voraussetzungen für den Anspruch auf Grundsicherung sind

– im Alter:

  Die Vollendung des 65. Lebensjahres sowie 25 Jahre Steuerpflichtigkeit nach Volljährigkeit. Berechtigte können nach Eintritt des Versorgungsfalles unbeschränkt erwerbstätig sein.

  Wie im geltenden Recht soll auch bei der Grundsicherung die Altersgrenze - für Frauen und Männer unterschiedslos - schrittweise auf das 65. Lebensjahr erhöht werden. Durch den vergleichsweise langen Zeitraum einer 25jährigen Steuerpflichtigkeit ist gewährleistet, daß nur solche Personen den Anspruch auf Grundsicherung erwerben, die ihren Lebensmittelpunkt im wesentlichen in Deutschland haben oder hatten. Der Begriff der Steuerpflichtigkeit richtet sich nach § 1 EStG, d.h. als steuerpflichtig gilt nicht nur, wer direkte Steuern wie Lohn- oder Einkommensteuer entrichtet, sondern auch, wer durch Konsum indirekte Steuern wie die Mehrwertsteuer abführt.

– bei Erwerbsunfähigkeit:

  Fünf Jahre Steuerpflichtigkeit und Erwerbstätigkeit.

  Die Erwerbsunfähigkeit wird alle zwei Jahre überprüft.

---

unter liegende Fünftel der Steuerzahler mit Jahreseinkommen zwischen 78.100 DM und 143.000 DM leistete 31 vH vom Einkommensteueraufkommen, während das unterste Viertel der Steuerzahler mit Jahreseinkommen bis zu 19.800 DM lediglich 0,1 vH zum Einkommensteueraufkommen beitrug. Vgl. BMF, zitiert nach Globus (1998), Tb-5100.

- bei Waisen und Halbwaisen:
  Fünf Jahre Steuerpflichtigkeit wenigstens eines Elternteils nach dessen Volljährigkeit und vor Eintritt des Versorgungsfalls.
  Die Grundsicherung wird in halber Höhe des Regelsatzes bis zum Ende der Ausbildung, längstens jedoch bis zur Vollendung des 27. Lebensjahres gewährt.
- bei Erziehern von Waisen oder Halbwaisen:
  Sie erhalten eine Grundsicherung in halber Höhe des Regelsatzes, wenn der zu Erziehende selbst Anspruch auf Grundsicherung hat und nicht älter als 12 Jahre ist.

4.13 Auskömmlich

Die Grundsicherung beträgt einschließlich des gesetzlichen Kranken- und Pflegeversicherungsbeitrags 52,5 vH des Volkseinkommens pro Kopf der Bevölkerung. In Höhe der Grundsicherung besteht ein steuerlicher Freibetrag.

Die Höhe der Grundsicherung sollte zur Vermeidung von Altersarmut 50 vH des Volkseinkommens nicht unter- und zur Schaffung von Freiräumen und Anreizen zur privaten Vermögensbildung 55 vH des Volkseinkommens nicht überschreiten. Im folgenden wird von einem Mittelwert von 52,5 vH des Volkseinkommens ausgegangen.

Mit 52,5 vH des Volkseinkommens betrüge die Grundsicherung im Jahre 2000 rund 1.600 DM (818 Euro) im Monat bzw. 19.200 DM (9.817 Euro) im Jahr.[236] Von diesem Betrag wären etwa 300 DM (153 Euro) monatlich als Kranken- und Pflegeversicherungsbeiträge abzuführen. Damit würden von den Grundsicherungsempfängern insgesamt höhere Beiträge als von

---

236 Für das Jahr 2000 ist ein Volkseinkommen von 3.005 Mrd. DM und eine Bevölkerungszahl von 82,2 Mio. unterstellt.

den heutigen Rentnern erbracht.[237] Das ist erforderlich, weil aufgrund des starken Anstiegs des alten Bevölkerungsteils die Aufwendungen der Kranken- und Pflegeversicherung ansteigen werden. Hinzu kommt, daß mit dem demographiebedingten Rückgang des erwerbsfähigen und dem arbeitsmarktbedingten Rückgang des erwerbstätigen Teils der Bevölkerung das Volumen der Sozialbeiträge der Aktiven abnehmen wird und folglich die Nicht-mehr-Aktiven höhere Lasten schultern müssen. Mit der Einführung der Grundsicherung wird also nicht nur die gesetzliche Alters-, sondern zugleich auch die gesetzliche Krankenversicherung auf ein tragfähiges Fundament gestellt.

Damit verbleiben dem einzelnen netto etwa 1.300 DM (665 Euro) im Monat. Das ist mehr als das für das Jahr 2000 zu erwartende Sozialhilfeeinkommen eines Ein-Personen-Haushalts einschließlich aller Zusatzleistungen wie Kaltmiete, Heizkosten und einmalige Leistungen.[238] Doch ist hierbei zu berücksichtigen, daß mit Einführung der Grundsicherung die Last indirekter Steuern erheblich zunimmt.[239] Stiege beispielsweise die Mehrwertsteuer von derzeit 16 vH auf 26 vH[240], dann müßten von einem Monatseinkommen von 1.300 DM rund 90 DM zusätzlich an Steuern abgeführt werden. Den Beziehern von Grundsicherung verbliebe damit allerdings noch immer im Ein-Personen-Haushalt die Kaufkraft von heutigen Ein-Personen-Sozialhilfehaushalten. Bezieher von Grundsicherung in Zwei-

---

237 Pro Rentner wurden 1997 für die Kranken- und Pflegeversicherung durchschnittlich knapp 240 DM im Monat abgeführt. Vgl. VDR (1998b).

238 1998 lag in Westdeutschland der durchschnittliche Bedarf im Rahmen der laufenden Hilfe zum Lebensunterhalt für einen Alleinlebenden bei monatlich 1.157 DM.

239 Vgl. Ziffer 4.15.

240 Vgl. Ziffer 5.24.

Personen-Haushalten stünden sich hingegen mit einer Nettogrundsicherung in Höhe von 2.600 DM (1329 Euro) bzw. einer Kaufkraft von reichlich 2.400 DM (1227 Euro) deutlich besser als heutige Zwei-Personen-Sozialhilfehaushalte, die im Jahr 2000 nur über rund 2.000 DM (1023 Euro) verfügen dürften.

Mit einer solchen Grundsicherung, deren Höhe der Entwicklung des Volkseinkommens jährlich angepaßt wird, ist *Altersarmut zuverlässig gebannt.* Von Hilfe in besonderen Lebenslagen, wie die Unterbringung in einem Alten- oder Pflegeheim, abgesehen, kann kein Grundsicherungsempfänger mehr zum Sozialfall werden. Die wirtschaftlich schwächere Hälfte der Bevölkerung steht sich im Alter besser oder zumindest nicht schlechter als im bestehenden System. Das gilt namentlich für Frauen, die heute oft auf eine Hinterbliebenenrente und/oder eine geringe Rente aus eigener Erwerbstätigkeit angewiesen sind. Wie Tabelle 3 zeigt, erhielten 1997 in Deutschland reichlich die Hälfte der Rentnerinnen und ein Fünftel der Rentner keine Renteneinkommen in Höhe der in Aussicht genommenen Grundsicherung.[241]

Aber selbst für Haushalte sogenannter Eckrentner[242], in denen häufig ein Ehepartner ohne eigenen Rentenanspruch mit zu

241 Für 1997 ist eine Nettogrundsicherung von 1.200 DM im Monat unterstellt. Bei den GRV-Renten wurden die je Rentner geleisteten Renten zu einem Gesamtrentenzahlbetrag zusammengefaßt. Vgl. Bundesregierung (1998), S. 33 und 41.

242 Hierbei handelt es sich um einen Rentner, der 45 Jahre lang ein Bruttoarbeitsentgelt in Höhe des Durchschnittsentgelts aller Versicherten bezogen hat. 1998 betrug die Eck- bzw. Standardrente in Westdeutschland im Durchschnitt brutto 2.140 DM und netto 1.978 DM. In Ostdeutschland lagen die Werte bei durchschnittlich 1.753 DM und 1.689 DM.

Tabelle 3: Zahl und Anteil der Rentner mit einem Rentenzahlbetrag unter/über 1.200 DM im Monat (1997)

	unter 1.200 DM		1.200 DM und höher	
	in 1.000	in vH	in 1.000	in vH
Deutschland				
Frauen	5.637	51,8	5.583	48,2
Männer	1.418	20,3	5.250	79,7
Gesamt	7.056	39,4	10.833	60,6
Westdeutschland				
Frauen	4.703	55,3	3.804	44,7
Männer	1.293	23,1	4.306	76,9
Gesamt	4.996	42,5	8.110	57,5
Ostdeutschland				
Frauen	934	39,2	1.446	60,8
Männer	125	8,9	1.277	91,1
Gesamt	1.059	28,0	2.723	72,0

IWG BONN

Quellen: Rentenversicherungsbericht 1998 sowie Berechnungen des IWG BONN

versorgen ist, stellt die Grundsicherung eine Verbesserung dar. Diese Haushalte dürften im Jahre 2000 einen Rentenanspruch von netto reichlich 2.000 DM monatlich haben. Das sind knapp 600 DM weniger als der Grundsicherungsbetrag nach Abzug der Kranken- und Pflegeversicherungsbeiträge. Einbußen im Rahmen des gesetzlichen Alterssicherungssystems erleiden also nur überdurchschnittliche Einkommensbezieher.[243]

243 1997 lag in Westdeutschland der durchschnittliche Rentenzahlbetrag an GRV-Rentner bei 1.824 DM monatlich und an Rentnerinnen bei 1.158 DM. In den neuen Bundesländern betrugen die

Deren Einbußen werden jedoch zum größten Teil wieder ausgeglichen durch die *deutliche Verbesserung der Voraussetzungen individueller Vermögensbildung.* Wie Tabelle 4 und Schaubild 14 veranschaulichen, liegt der Gesamtaufwand für die Finanzierung der Grundsicherung im langfristigen Mittel knapp 30 vH unter dem Aufwand, der erforderlich ist, um den alten bzw. erwerbsunfähigen Bevölkerungsteil in gleichem Umfang wie bisher über öffentliche Transfers an der Wertschöpfung teilhaben zu lassen.[244] Modellhaft stehen der Bevölkerung ab 2000 zwischen 113 und 175 Milliarden DM jährlich für Zwecke privater Vermögensbildung zusätzlich zur Verfügung.[245] Das ist im langfristigen Mittel etwa die Hälfte dessen, was derzeit von privaten Haushalten in Deutschland jährlich gespart wird. Die Sparquote könnte also insoweit ohne zusätzliche Belastung der Bevölkerung kräftig steigen.

Werte 1.837 DM bzw. 1.431 DM. Vgl. Bundesregierung (1998), S. 23f.

244 1997 belief sich dieser Aufwand abzüglich 1,5 vH Verwaltungskosten und Aufwendungen für Rehabilitation auf 458,4 Mrd. DM bzw. knapp 12,7 vH des BIP. Wird dieser Anteil konstant gehalten, ergeben sich für das Jahr 2000 bei einem BIP von 4.005 Mrd. DM Ausgaben von knapp 509 Mrd. DM bzw. 27.135 DM bezogen auf die über 59jährige Bevölkerung.

245 Zur Vereinfachung der Betrachtung ist hier und im folgenden ein konstantes Pro-Kopf-BIP unterstellt.

Tabelle 4: Ausgaben der Grundsicherung (GS) nach Abwicklung der Altansprüche im Vergleich zu den Ausgaben bestehender Alterssicherungssysteme (Status quo) 2000-2040 ohne Berücksichtigung von realem Pro-Kopf-Wachstum und Strukturveränderungen (in Preisen von 2000)

	2000	2010	2020	2030	2040
über 62jährige*					
in 1.000	15.137	17.394	18.950	22.620	22.475
BIP**					
in Mrd. DM	4.004,7	3.945,6	3.819,6	3.620,0	3.349,9
GS-Ausgaben***					
pro Kopf in DM	19.200	19.200	19.200	19.200	19.200
in Mrd. DM	297,3	339,8	368,8	438,9	435,5
in vH des BIP	7,4	8,6	9,7	12,1	13,0
Status quo-Ausgaben****					
pro Kopf in DM	27.135	27.135	27.135	27.135	27.135
in Mrd. DM	410,7	472,0	514,2	613,8	609,9
in vH des BIP	10,3	12,0	13,5	17,0	18,2
Mehrausgaben im Status quo im Vergleich zur GS					
in Mrd. DM	113,4	132,2	145,4	174,9	174,4

IWG BONN

* Unterstellt ist ein durchschnittliches Zugangsalter von 62 Jahren.

** Rückläufiges BIP aufgrund unterstellten konstanten Pro-Kopf-BIP bei zahlenmäßig abnehmender Bevölkerung

*** Unterstellt ist, daß alle über 62jährigen die GS-Voraussetzungen erfüllen. Unterstellt ist ferner ein Zuschlag für Waisen und deren Erzieher. Nicht berücksichtigt sind Verwaltungskosten.

****GRV (ohne Rehabilitation), Alterssicherung der Landwirte, Beamtenversorgung, Zusatzversorgung öffentlicher Dienst, laufende Hilfe zum Lebensunterhalt (Sozialhilfe) u.a. Nicht berücksichtigt sind Verwaltungskosten.

Quellen: IWG BONN, VDR (1998b), Bundesregierung (1996) und (1997)

Schaubild 14: Ausgaben der Grundsicherung* im Vergleich zum Status quo 2000-2040
(schematische Darstellung)

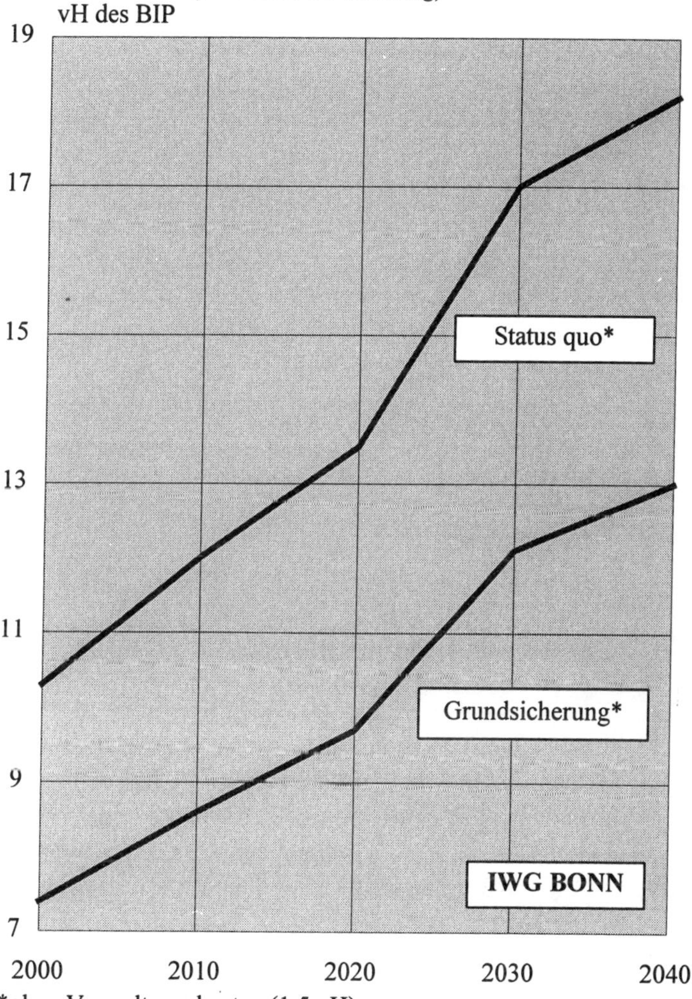

*ohne Verwaltungskosten (1,5 vH)

Quellen: IWG BONN, VDR (1998a), Bundesregierung (1996) und (1997)

Durch die *Anbindung der Grundsicherung an das Volkseinkommen* wird die gesetzliche Alterssicherung an der Einkommensentwicklung insgesamt, namentlich auch der Entwicklung der Kapitaleinkommen, beteiligt und nicht - wie derzeit - nur an der Entwicklung der Nettoeinkommen aus abhängiger Beschäftigung.[246] Das ist wichtig im Blick auf die zunehmende Bedeutung von Wissen und Kapital im Wertschöpfungsprozeß bei gleichzeitigem Anstieg häufig gering entlohnter Nicht-Normarbeitsverhältnisse.[247] Im bestehenden System wächst die Gefahr zumindest relativer Altersarmut trotz insgesamt steigenden Wohlstands. Dieser Gefahr wird durch die Orientierung der Grundsicherung am Volkseinkommen wirksam begegnet.

Schließlich soll im Jahr 2000 ein *Steuerfreibetrag* in Höhe der Grundsicherung nach Abzug der Kranken- und Pflegeversicherungsbeiträge von 15.600 DM (7.976 Euro) bestehen. Nach den Plänen der Bundesregierung soll der steuerliche Grundfreibetrag im Jahr 2000 bei 13.500 DM (6.902 Euro) liegen.[248]

4.14 Leistungsgerecht *Wird der Anspruch auf Grundsicherung erst nach dem 65. Lebensjahr geltend gemacht, erhöht er sich nach versicherungsmathematischen Grundsätzen.*

Aufgrund der Möglichkeit, durch eine zeitlich verzögerte Inanspruchnahme der Grundsicherung deren Höhe nach versicherungsmathematischen Grundsätzen aufzustocken, wird ein Anreiz geschaffen, für einen überschaubaren Zeitraum von beispielsweise drei Jahren individuell Vorsorge zu treffen und dann ab dem 68. Lebensjahr über einen Grundsicherungsanspruch in Höhe von knapp zwei Dritteln des Pro-Kopf-

246 Vgl. Ziffer 2.21.

247 Vgl. Schaubild 6.

248 Stand März 1999.

Volkseinkommens zu verfügen.[249] Das wären im Jahr 2000 monatlich fast 2.000 DM für den Ein- und das Doppelte für den Zwei-Personen-Haushalt. Mit einem solchen Betrag ist der individuelle Lebensstandard der großen Bevölkerungsmehrheit im Alter gesichert. Alternativ oder auch ergänzend hierzu besteht ein Anreiz, über das 65. Lebensjahr hinaus einer Erwerbstätigkeit nachzugehen. Das dürfte aus demographischen Gründen[250] in nicht zu ferner Zukunft durchaus wünschenswert sein. Insgesamt gilt: Je besser der einzelne für die Zeit unmittelbar nach dem Ende seiner Erwerbstätigkeit vorsorgt, um so massiver kann er sich in der für ihn ungewissen, weil ferneren Zukunft, auf die Sicherung des Kollektivs stützen.

4.15 Steuerfinanziert

Die Grundsicherung wird ausschließlich aus dem allgemeinen Steueraufkommen finanziert und zwar zu 60 vH durch die Erhöhung indirekter und zu 40 vH durch die Erhöhung direkter Steuern. Zugleich entfallen alle bisherigen Rentenbeiträge von Arbeitnehmern und Arbeitgebern.

Die Finanzierung der Grundsicherung aus *allgemeinen Steuermitteln* hat im wesentlichen vier Gründe:

Die Steuerfinanzierung ist die einzige Möglichkeit, die Leistungsfähigkeit der gesamten Volkswirtschaft für die Grundsicherung heranzuziehen. Ferner wird im Steuersystem besser als in jedem anderen die individuelle Leistungsfähigkeit der Steuerzahler berücksichtigt. Dies ist Voraussetzung für ein sozial ausgewogenes Alterssicherungssystem. Drittens wird auf diese Weise der Faktor Arbeit substantiell entlastet und dadurch so-

249 Unterstellt ist ein Zuschlag von monatlich 0,35 vH des Volkseinkommens pro Kopf.

250 Vgl. Ziffer 2.13.

wohl im Vergleich zu Kapital als auch zu ausländischer Arbeit konkurrenzfähiger. Schließlich werden durch die Steuerfinanzierung - namentlich durch die Erhöhung indirekter Steuern - Wettbewerbsverzerrungen abgebaut. Exporte werden aufgrund niedrigerer Arbeitskosten billiger, Importe durch höhere indirekte Steuern teurer.

Um die Grundsicherung *zu 60 vH über indirekte und zu 40 vH über direkte Steuern zu finanzieren*, müßte im Jahr 2000 das Gesamtvolumen der indirekten Steuern[251] um ein Sechstel von etwa 419 Milliarden DM auf 489 Milliarden DM und das der direkten Steuern um knapp ein Zehntel von etwa 455 Milliarden DM auf 498 Milliarden DM erhöht werden.[252]

Auf dem Gipfel der demographiebedingten Belastung zwischen 2030 und 2040 müßte sich - im Vergleich zu heute - das Gesamtvolumen der direkten Steuern um reichlich ein Viertel und das der indirekten Steuern um etwa die Hälfte erhöhen. Beispielhaft würde das für die Lohnsteuer eines durchschnittlich verdienenden Beschäftigten einen Anstieg von 19 auf rund 24 vH und für die Mehrwertsteuer einen Anstieg von 7 auf 10,5 bzw. von 16 auf rund 24 vH bedeuten.[253]

---

251 Hierbei ist berücksichtigt, daß schätzungsweise 10 vH des gesamten Mehrwertsteueraufkommens auf staatliche Käufe entfallen und damit kein zusätzliches Finanzvolumen schaffen.

252 Aus Gründen besserer Vergleichbarkeit ist unterstellt, daß im Jahr 2000 wie im Durchschnitt der Jahre 1997 und 1998 die direkten Steuern 11,35 vH und die indirekten Steuern 10,45 vH des BIP betragen. Dadurch wird nicht berücksichtigt, daß aufgrund des demographiebedingten Belastungsanstiegs in Wirklichkeit die Steuerbelastung auch im bestehenden System deutlich steigen wird. Zu den Ausgaben der Grundsicherung vgl. Tabelle 4.

253 Mehrwertsteuersätze in dieser Höhe haben bereits heute z.B. Dänemark und Schweden. Würde die Grundsicherung statt über Steuern ausschließlich über Beiträge finanziert, müßte die aktive

Die überproportionale Finanzierung der Grundsicherung über indirekte Steuern findet ihre Begründung in den weitaus größeren Vorteilen, die der wirtschaftlich schwächere Bevölkerungsteil aus der Grundsicherung zieht. Doch bleibt der solidarische Ausgleich zwischen den wirtschaftlich Leistungsfähigeren und Schwächeren bei dieser Verteilung von indirekten und direkten Steuern erhalten.

Von den Rentenversicherungsbeiträgen, die die Arbeitgeber einsparen, sollen etwa ein Drittel bei ihnen verbleiben und zwei Drittel an die Arbeitnehmer ausgezahlt werden. Auf diese Weise werden die Kosten der Arbeit spürbar gesenkt, was insbesondere arbeitsintensiven Unternehmen zugute kommt. Zugleich wird ein fairer Ausgleich der steuerlichen Mehrbelastungen von Arbeitnehmern und -gebern bewirkt. Für den öffentlichen Dienst ist eine entsprechende Regelung zu treffen.

4.16 Sicher

Einführung und Änderungen der Grundsicherung bedürfen der parlamentarischen Zwei-Drittel-Mehrheit. Die Grundsicherung wird durch eine Selbstverwaltungskörperschaft verwaltet.

Ein besserer *Schutz gegen politische Manipulationen* ist nicht möglich. Er geht weit über die derzeitige Sicherung der gesetzlichen Altersversorgung hinaus. Über Veränderungen des Systems muß jeweils ein breiter politischer Konsens herbeigeführt werden. Die bisher übliche Willkür in der gesetzlichen Alterssicherung, konkret: ihre Finanzierung nach Kassenlage, wird unterbunden.

Generation, d.h. die 20- bis 62jährigen, im Jahr 2000 einen monatlichen Pro-Kopf-Beitrag von 500 DM, im Jahr 2030 von 920 DM und im Jahr 2040 von 1.010 DM entrichten.

Im übrigen funktioniert das System weitgehend automatisch. Im Gegensatz zum bestehenden bedarf es weder ständiger politischer Eingriffe noch einer aufwendigen Administration. Es entfällt sowohl die Erfassung jahrzehntelanger Erwerbsbiographien als auch die Erstellung komplizierter Rentenberechnungen. Zugleich werden die Arbeitgeber von bürokratischem Aufwand entlastet.[254] Die hierdurch ersparten Kosten kommen den Steuerzahlern zugute.

4.2 Schlußfolgerungen

Mit der Überführung der Alterssicherung in eine umlagefinanzierte, solidarische Grundsicherung und eine vermögensfundierte, private Vorsorge wird die überkommene Alters-, Erwerbsunfähigkeits- und Hinterbliebenenversorgung gradlinig und schlüssig den veränderten demographischen, wirtschaftlichen und gesellschaftlichen Bedingungen angepaßt. Nur so können die Nicht-mehr-Aktiven weiterhin auskömmlich an der Wertschöpfung teilhaben, ohne die Aktiven zu überfordern. Nur so kann aber auch die Gesellschaft ihre solidarischen Pflichten erfüllen, ohne das individuelle Leistungsstreben zu beeinträchtigen.

Mit der solidarischen Grundsicherung wird das Fundament geschaffen, auf dem alle Nicht-mehr-Aktiven entsprechend der jeweiligen volkswirtschaftlichen Möglichkeiten und soziokulturellen Standards menschenwürdig leben können. Die Gesellschaft hat die Gewißheit, daß kein Nicht-mehr-Aktiver materiell bedürftig ist. Altersarmut ist ausgeschlossen. Damit ist eine zentrale politische Forderung, die von allen Parteien, be-

---

254 1996 waren bei der Bundesversicherungsanstalt für Angestellte (BfA) rund 28.000, bei den Landesversicherungsanstalten (LVA) rund 49.000 und bei der Bundesknappschaft knapp 5.000 Arbeitskräfte beschäftigt. Vgl. Bundesarbeitsblatt 10/1997, S. 96.

sonders aber von SPD, Bündnis 90/Die Grünen und PDS erhoben wird, erfüllt.[255] Der Strom öffentlicher Transfers, der bereits heute ohne individuelle Vorleistung im Wege der Umverteilung Nicht-mehr-Aktiven zugute kommt, wird verbreitert und sachgerechter als bisher verwendet. Nicht mehr nur ein Kreis Begünstigter[256], sondern alle werden durch ihn versorgt.

Zugleich wird dem Ziel individueller Leistungsgerechtigkeit, das wiederum alle Parteien, diesmal aber vor allem Union und FDP verfolgen, besser als im bestehenden System Rechnung getragen. Während nämlich heute nur reichlich 40 vH der öffentlichen Transfers vorleistungsbezogen[257] sind und die ungleiche Verteilung privater Vermögen zu einer ebenso ungleichen Teilhabe Nicht-mehr-Aktiver an der Wertschöpfung führt, bewirkt die Anpassung der Versorgungssysteme an die veränderten Bedingungen von Wirtschaft und Gesellschaft zum einen die strikte Begrenzung vorleistungsfreier öffentlicher Transfers und zum anderen eine gleichmäßigere Vermögensverteilung. Anders als heute werden auch durchschnittliche Einkommensbezieher in die Lage versetzt, substantielle Vermögen für ihre Alterssicherung zu bilden. Eine leistungsgerechtere Vorsorgeform ist nicht möglich.

Ferner wird durch die Begrenzung des umlagefinanzierten Teils der Alterssicherung auf eine solidarische Grundsicherung und den gleichzeitigen Ausbau vermögensfundierter, privater Vorsorge das quantitative Verhältnis von umlagefinanzierter und vermögensfundierter Altersversorgung verbessert. Derzeit ist der umlagefinanzierte Teil in Deutschland im internationalen Vergleich sehr hoch und der vermögensfundierte entspre-

---

255 Vgl. Ziffer 3.21.2.

256 Dies sind vor allem Beamte, Hochschullehrer, Politiker und ähnliche Berufsgruppen.

257 Vgl. Ziffer 1.12.

chend unterentwickelt.[258] Dies ist nicht nur für die Alterssicherung sondern für die Volkswirtschaft insgesamt nachteilig.[259]

Ein weiterer Vorteil der Überführung der Alterssicherung in eine solidarische Grundsicherung in Verbindung mit privater Vorsorge ist die hohe Anpassungsfähigkeit dieser Verbindung an weitere Veränderungen von Wirtschaft und Gesellschaft sowie gesellschaftlichen Präferenzen. Sollte die Bevölkerung in einigen Jahrzehnten ihre Alterssicherung beispielsweise noch stärker auf Vermögen stützen[260] und die umlagefinanzierte solidarische Grundsicherung ganz oder teilweise abbauen wollen, ist dies genauso leicht möglich wie die umgekehrte Vorgehensweise. Solidarische Grundsicherung und private Vermögen versperren keine Entwicklungsmöglichkeit. Die Bevölkerung kann einfacher als im bestehenden System immer wieder entscheiden, wie sie die Alterssicherung gestalten will. Sie kann an einer solidarischen Grundsicherung in Verbindung mit privatem Vermögen festhalten, sie kann aber auch den umlagefinanzierten oder - alternativ - den vermögensfundierten Teil ihrer Vorsorge stärken.

---

258 Vgl. DIAV (1999).

259 So auch die World Bank (1994), S.248ff., der IMF (1996), S. 22ff. und zahlreiche Wissenschaftler. Vgl. DIAV (1999).

260 Dies wird beispielsweise vom Frankfurter Institut und von Deutsche Bank Research gefordert. Vgl. Frankfurter Institut (1997b) sowie Deutsche Bank Research (1997).

5 Der Übergang von den bestehenden gesetzlichen Alterssicherungssystemen zur solidarischen Grundsicherung

5.1 Die Organisation des Übergangs

5.11 Die Umstellung der Finanzierung

Zu einem bestimmten Stichtag, beispielsweise dem 1. Januar 2000, wird die Erhebung der Rentenversicherungsbeiträge eingestellt[261] und zeitgleich das Steueraufkommen um die entsprechenden Beträge erhöht. Die Einnahmen bleiben also zunächst unverändert. Doch vermindert sich die Belastung von Arbeitnehmern und Arbeitgebern, weil die Aufkommensgrundlage verbreitert wird. Mit dieser Umstellung ist eine umfassende Steuerreform zu verbinden, durch die vor allem die Stellung von Familien mit Kindern und darüber hinaus die Vermögensbildungskapazität der Bevölkerung insgesamt verbessert wird. Einen wesentlichen Schritt in diese Richtung hat das Bundesverfassungsgericht mit seiner Entscheidung vom 19. Januar 1999,[262] Familien mit Kindern steuerlich erheblich zu entlasten, bereits vorgegeben. Darüber hinaus sind die Auswirkungen der Umstellung im Rahmen der ohnehin erforderlichen Neuregelung der föderalen Finanzverwaltung[263] zu berücksichtigen.

---

261 Vgl. hierzu Ziffer 4.15.

262 Aktenzeichen 2BvR 1057/91.

263 Vgl. Ottnad, A./Linnartz, E. (1997).

5.12 *Die Umstellung der Altansprüche und der Aufbau von Neuansprüchen*

Zum gleichen Zeitpunkt, zu dem die Finanzierung der gesetzlichen Alterssicherung von Beiträgen auf Steuern umgestellt wird, wird die Höhe des Volkseinkommens pro Kopf der Bevölkerung ermittelt.[264] 52,5 vH hiervon beziffern die Höhe der Grundsicherung.[265] Das wären am 1. Januar 2000 etwa 19.200 DM (9.817 Euro) im Jahr oder rund 1.600 DM (818 Euro) im Monat. Gleichzeitig werden alle fälligen und nicht fälligen Ansprüche, die eine Person gegen derzeitige gesetzliche Alterssicherungssysteme hat (Altansprüche), zum ermittelten Grundsicherungsbetrag in ein prozentuales Verhältnis gesetzt. Eine Person mit Altansprüchen von monatlich 1.200 DM hat demzufolge einen Grundsicherungsanspruch in Höhe von 75 vH, eine Person mit Altansprüchen von monatlich 2.400 DM hat einen Grundsicherungsanspruch in Höhe von 150 vH. Die weitere Behandlung dieser Ansprüche ist abhängig vom Lebensalter der Berechtigten.

Bei Berechtigten, die am Stichtag das 40. Lebensjahr *nicht* vollendet haben, entwickeln sich Altansprüche, die höher sind als die Grundsicherung, wie das Volkseinkommen pro Kopf der Bevölkerung. Altansprüche, die niedriger sind als die Grundsicherung, steigen jährlich um 4 Prozentpunkte des Grundsicherungsbetrages, bis dieser erreicht ist. Sodann entwickeln sie sich ebenfalls wie das Volkseinkommen pro Kopf der Bevölkerung.

Bei Berechtigten, die am Stichtag das 40. Lebensjahr vollendet haben, gilt: Sind ihre Altansprüche mindestens so hoch wie die Grundsicherung, steigen sie jährlich um 2 Prozent-

264 Dabei kann auf einen zeitnahen Wert zurückgegriffen werden.
265 Vgl. Ziffer 4.13.

punkte des Grundsicherungsbetrages. Damit wird dem Umstand Rechnung getragen, daß über 40jährige bereits mehr oder minder weit in einem Alterssicherungssystem vorangeschritten sind, das ihnen eine lebensstandardsichernde Altersversorgung in Aussicht gestellt hat. Zwar ist diese Aussicht auch im bestehenden System für viele nicht mehr zu verwirklichen.[266] Doch sollen die Erwartungen, im Rahmen eines gesetzlichen Systems eine individuell lebensstandardsichernde Altersversorgung zu schaffen, bei Menschen, die sich schon in der zweiten Lebenshälfte befinden, nicht ganz enttäuscht werden. Sind die Ansprüche dann fällig, entwickeln auch sie sich wie das Volkseinkommen pro Kopf der Bevölkerung.

> Beispiel: Die nicht fälligen Altansprüche eines 50jährigen betragen am Stichtag 120 vH der Grundsicherung. Bis zu deren Fälligkeit steigen sie - bei einem Renteneintrittsalter von 65 Jahren[267], also 15 Jahre lang - um jährlich 2 Prozentpunkte des Grundsicherungsbetrages auf 150 vH der Grundsicherung. Mit Fälligkeit entwickeln sie sich wie das Volkseinkommen pro Kopf der Bevölkerung.

Haben Berechtigte, die das 40. Lebensjahr vollendet haben, keine Altansprüche oder sind diese geringer als die Grundsicherung, steigen sie jährlich um 4 Prozentpunkte des Grundsicherungsbetrages, bis dieser erreicht ist. Danach steigen *nicht fällige* Ansprüche weiter um jährlich 2 Prozentpunkte des Grundsicherungsbetrags. Fällige Ansprüche, die mindestens so hoch sind wie die Grundsicherung, entwickeln sich wiederum wie das Volkseinkommen pro Kopf der Bevölkerung.

> 1. Beispiel: Die nicht fälligen Altansprüche eines 55jährigen betragen am Stichtag 80 vH der Grundsicherung. Sie erhöhen sich jährlich um 4 Prozentpunkte des Grundsicherungs-

266 Vgl. Ziffern 2.14.2 und 2.22.2.
267 Vgl. Ziffer 5.21.

betrages, bis dieser nach 5 Jahren erreicht ist. Von da an steigen sie weiter bis zur Fälligkeit - bei einem Renteneintrittsalter von 65 Jahren also nochmals 5 Jahre lang - mit 2 Prozentpunkten des Grundsicherungsbetrages. Mit 65 Jahren erhält der Berechtigte eine Grundsicherung in Höhe von 110 vH, die sich von nun an wie das Volkseinkommen pro Kopf der Bevölkerung entwickelt.

2. Beispiel: Die fälligen Altansprüche einer 68jährigen betragen am Stichtag 80 vH der Grundsicherung. Sie erhöhen sich jährlich um 4 Prozentpunkte des Grundsicherungsbetrages, bis dieser nach 5 Jahren erreicht ist. Von da an entwickeln sie sich mit dem Volkseinkommen pro Kopf der Bevölkerung.

Hinterbliebenenrenten und ähnliche Ansprüche, die nach dem Stichtag entstehen, werden entsprechend behandelt.

5.2 Die Ausgaben im Übergang

5.21 Vorbemerkung

Um die Kosten des Übergangs zu beziffern, sind zum einen die Ausgaben für die Befriedigung der Altansprüche und zum anderen die Ausgaben für die sich schrittweise aufbauenden Grundsicherungsansprüche zu erfassen.[268] Dabei wird in Anlehnung an die geltende Rechtslage davon ausgegangen, daß sich künftig das Renteneintrittsalter von Altersrentnern erhöht. Derzeit liegt der Renteneintritt von Erwerbsunfähigkeits- und Altersrentnern im statistischen Mittel bei 59 Jahren. Dieser Mittelwert - so die Annahme - wird ab 2000 bei 60 Jahren, ab

268 Das IWG BONN hat hierzu das Kieler Institut für Weltwirtschaft beauftragt. Zu den Ergebnissen vgl. Burgert, D./Dicke, H./Glismann, H.H./Horn, E.-J. (1999).

2010 bei 61 Jahren und ab 2020 bei 62 Jahren liegen.[269] Ferner wird aus Gründen einer anschaulicheren Darstellung unterstellt, daß das Pro-Kopf-Volkseinkommen und das Pro-Kopf-Bruttoinlandsprodukt während des gesamten Übergangs konstant bleiben.[270]

5.22 Die Ausgaben für die Altansprüche

Wie Tabelle 5 verdeutlicht, erfordert die Befriedigung aller Altansprüche zum angenommenen Beginn des Übergangs im Jahr 2000 etwa 513 Milliarden DM.[271] Knapp vier Fünftel hiervon, rund 414 Milliarden DM, sind Ausgaben der gesetzlichen Rentenversicherung ausschließlich der Aufwendungen für Rehabilitationsmaßnahmen.[272] Das verbleibende Fünftel in

---

269 Entsprechend beträgt die Zahl der Berechtigten (ohne Witwen/r und Waisen) im Jahr 2040 22,5 Mio. (über 62jährige) statt 25,3 Mio. (über 59jährige). Dadurch sinkt der Anteil der Wertschöpfung, der an Nicht-mehr-Aktive übertragen wird, von 32,8 vH des BIP auf 29,1 vH. Vgl. auch Tabelle 1.

270 Dies gilt auch für die übrigen volkswirtschaftlichen Aggregate. Die Schlüssigkeit der nachfolgenden Modellrechnung wird hierdurch nicht berührt. Jede Änderung des Pro-Kopf-Volkseinkommens hätte nämlich eine entsprechende Änderung des Grundsicherungsanspruchs zur Folge. Die relative Belastung der Volkswirtschaft mit öffentlichen Transfers zugunsten des alten Bevölkerungsteils bliebe gleich.

271 Zur Ermittlung der gesamten Altansprüche ist für das Jahr 2000 das Verhältnis von sonstigen Ausgaben gesetzlicher Alterssicherungsansprüche zu den GRV-Ausgaben im Durchschnitt der Jahre 1995/1997 (1,238) unterstellt. Damit beträgt 2000 der Anteil der Altansprüche am BIP wie 1995/1997 12,8 vH.

272 Sie setzen sich zusammen aus Bestandsrenten wegen Alters, Renten wegen verminderter Erwerbsfähigkeit, Hinterbliebenenrenten und Renten an sozialversicherungspflichtig Beschäftigte, deren Ansprüche nach 2000 fällig werden.

Tabelle 5: Ausgaben für Altansprüche im Übergang 2000-2040 ohne Berücksichtigung von realem Pro-Kopf-Wachstum und Strukturveränderungen (in Preisen von 2000)

	2000	2010	2020	2030	2040
Altersrenten					
in Mrd. DM	301,1	160,3	43,8	1,0	0,0
pro Kopf in DM	23.996	25.032	28.528	28.196	0,0
Renten wegen verminderter Erwerbsfähigkeit					
in Mrd. DM	35,1	28,2	17,1	5,4	1,5
pro Kopf in DM	19.761	19.509	19.091	18.819	18.903
Hinterbliebenenrenten					
in Mrd. DM	77,7	65,8	62,9	46,2	14,4
pro Kopf in DM	20.793	19.065	17.159	14.400	13.175
Altersrenten, die nach 2000 fällig werden					
in Mrd. DM	0,0	70,8	130,6	158,4	89,8
pro Kopf in DM	0,0	20.931	17.636	13.232	11.076
GRV-Ausgaben insgesamt*					
in Mrd. DM	413,9	325,1	254,4	211,0	105,7
Sonstige Ausgaben gesetzlicher Alterssicherungssysteme**					
in Mrd. DM	98,7	76,3	58,5	48,2	23,2
Ausgaben für Altansprüche insgesamt					
in Mrd. DM	512,6	401,4	312,9	259,2	128,9

IWG BONN

* Ohne Ausgaben für Rehabilitation

** Hierin sind enthalten Leistungen an Versorgungsempfänger, Landwirte, laufende Hilfe zum Lebensunterhalt (Sozialhilfe), Verwaltungskosten u.a. Unterstellt ist, daß die sonstigen Ausgaben während der gesamten Periode knapp 24 vH der GRV-Ausgaben ausmachen. Unterstellt ist ferner, daß die Ausgaben für die laufende Hilfe zum Lebensunterhalt an über 59- bzw. 62jährige bis 2020 aufgrund der wachsenden Grundsicherungsleistungen schrittweise auf Null zurückgehen.

Vgl. Anhang, Tabellen 5.1 bis 5.5

Quellen: IWG BONN; Burgert, D./Dicke, H./Glismann, H.H./ Horn, E.-J. (1999) und VDR (1998a)

Höhe von 99 Milliarden DM enthält die Leistungen an Versorgungsempfänger, also Beamtenpensionen und ähnliches, sowie die laufende Hilfe zum Lebensunterhalt an Personen im Rentenalter. Eingeschlossen sind ferner Verwaltungskosten in Höhe von etwa acht Milliarden DM.

Da von Beginn des Übergangs an keine weiteren Ansprüche im Rahmen der bestehenden gesetzlichen Alterssicherungssysteme mehr entstehen, schmelzen die Altansprüche allmählich ab. Allerdings vollzieht sich dieses Abschmelzen nicht gleichförmig. Ursächlich hierfür sind zum einen die starken demographischen Ausschläge, die die Ausgaben beispielsweise zwischen 2000 und 2010 deutlich schneller zurückgehen lassen als zwischen 2020 und 2030. Zum anderen haben die einzelnen Jahrgangsgruppen wegen ihrer verschiedenen Erwerbsbiographien unterschiedlich hohe Renten- und Versorgungsansprüche. Diese steigen tendenziell zunächst an und gehen später aufgrund der Abnahme von Versicherungsdauer und dauerhafter Vollzeitbeschäftigung wieder zurück. Das kann ebenfalls Tabelle 5 entnommen werden.

Aufgrund dieser Entwicklung belaufen sich die Gesamtausgaben für Altansprüche im Jahr 2010 noch auf rund 401 Milliarden DM (205 Milliarden Euro), 2020 auf 313 Milliarden DM (160 Milliarden Euro), 2030 auf 259 Milliarden DM (132 Milliarden Euro) und 2040 auf 129 Milliarden DM (66 Milliarden Euro). Das sind in vH des Bruttoinlandsprodukts im Jahr 2000 12,8, 2010 10,2, 2020 8,2, 2030 7,2 und 2040 3,9. Hierbei ist berücksichtigt, daß durch das parallele Anwachsen der Grundsicherungsansprüche Sozialhilfeleistungen an ältere Personen stark rückläufig sind.

Nach etwa 50 Jahren sind dann sämtliche Altansprüche befriedigt. Doch treten sie schon lange zuvor nicht mehr eigenständig in Erscheinung. Sie gehen faktisch in der Grundsicherung auf, bzw. werden sie von dieser überlagert.

5.23 Die Ausgaben für die Grundsicherung

Wie Tabelle 6 zeigt, verursacht die Grundsicherung im ersten Jahr noch keine Ausgaben. Die ersten Grundsicherungsansprüche sind erst ein Jahr nach Beginn des Übergangs fällig. In dieser Zeit erwirbt jeder Berechtigte, dessen Altanspruch geringer als die Grundsicherung ist, einen Anspruch in Höhe von 4 vH des Grundsicherungsbetrages. Das sind - bei einer monatlichen Grundsicherung von 1.600 DM - 64 DM. Im zweiten Jahr steigt dieser Betrag auf 128 DM, im dritten Jahr auf 192 DM usw., bis nach spätestens 25 Jahren alle Berechtigten Anspruch auf mindestens den vollen Grundsicherungsbetrag haben. Hinzu kommen die Aufwendungen für den Personenkreis, dessen Altansprüche - obwohl sie mindestens so hoch sind wie die Grundsicherung - bis zur Fälligkeit um 2 Prozentpunkte des Grundsicherungsbetrages wachsen.[273]

Zur Finanzierung dieser neu entstehenden Ansprüche werden nach zehn Jahren - in Tabelle 6 im Jahr 2010 - 81 Milliarden DM (41 Milliarden Euro), nach 20 Jahren 172 Milliarden DM (88 Milliarden Euro), nach 30 Jahren 291 Milliarden DM (149 Milliarden Euro) und nach 40 Jahren - nahe dem Gipfel der demographiebedingten Belastung der Alterssicherungssysteme - 349 Milliarden DM (178 Milliarden Euro) benötigt.

5.24 Die Ausgaben insgesamt

Die Addition der Ausgaben für Altansprüche und Grundsicherung ergibt die Gesamtausgaben im Übergang. Wie ebenfalls Tabelle 6 zu entnehmen ist, gehen diese - zum Teil demographiebedingt - von 513 Milliarden DM (262 Milliarden Euro) im

273 Vgl. Ziffer 5.12.

Jahre 2000 über 482 Milliarden DM (246 Milliarden Euro) im Jahre 2010 auf 485 Milliarden DM (248 Milliarden Euro) im Jahre 2020 zurück. Erst 2030 steigen sie aufgrund der starken Zunahmen des alten Bevölkerungsteils noch einmal deutlich auf 551 Milliarden DM (282 Milliarden Euro) an. Bereits zehn Jahre später liegen sie jedoch wieder bei 478 Milliarden DM (244 Milliarden Euro), also etwa ebenso hoch wie 2020. Spätestens 2050 gibt es keine Altansprüche mehr. Dann ist nur noch die Grundsicherung mit Ausgaben in Höhe von 373 Milliarden DM (191 Milliarden Euro) zu finanzieren.[274]

Bei einer Finanzierung der Gesamtausgaben zu 60 vH über indirekte und zu 40 vH über direkte Steuern[275] muß im Jahr 2000 das Volumen der indirekten Steuern um rund die Hälfte von etwa 419 Milliarden DM auf 630 Milliarden DM und das der direkten Steuern um reichlich ein Viertel von etwa 455 Milliarden DM auf 584 Milliarden DM erhöht werden.[276] Entsprechend steigt beispielsweise die Lohnsteuer eines durchschnittlich verdienenden Beschäftigten von 19 auf reichlich 24 vH und die Mehrwertsteuer von 7 vH auf 10,5 bzw. 16 auf 24 vH. Zum Zeitpunkt der höchsten Ausgabenbelastung im Jahre 2030 muß das Volumen der indirekten Steuern gegenüber heute um etwa zwei Drittel und das der direkten um knapp zwei Fünftel erhöht werden. Die durchschnittliche Lohnsteuer beträgt dann 26 vH und die Mehrwertsteuer 11,5 bzw. 26,5 vH.

---

274 2050 sind 17,4 Mio. über 62jährige unterstellt.

275 Vgl. Ziffer 4.15.

276 Dabei sind wiederum konstante Steuerquoten unterstellt. Vgl. auch Anmerkungen 251 und 252.

Tabelle 6: Ausgaben für die gesetzliche Alterssicherung im Übergang 2000-2040 ohne Berücksichtigung von realem Pro-Kopf-Wachstum und Strukturveränderungen (in Preisen von 2000)

	2000	2010	2020	2030	2040
BIP*					
in Mrd. DM	4.004,7	3.945,6	3.819,6	3.620,0	3.349,9
Altansprüche					
in Mrd. DM	512,6	401,4	312,9	259,2	128,9
in vH des BIP	12,8	10,2	8,2	7,2	3,9
Grundsicherung**					
in Mrd. DM	0,0	80,6	171,6	291,3	348,6
in vH des BIP	0,0	2,0	4,5	8,0	10,4
Ausgaben insgesamt					
in Mrd. DM	512,6	482,0	484,5	550,5	477,5
in vH des BIP	12,8	12,2	12,7	15,2	14,3

IWG BONN

* Rückläufiges BIP aufgrund unterstellten konstanten Pro-Kopf-BIP bei zahlenmäßig abnehmender Bevölkerung

** Unterstellt ist eine individuelle Grundsicherung von 19.200 DM. Ferner sind folgende Grundsicherungszahlungen an Waisen und deren Erzieher unterstellt: 2010 2,9 Mrd. DM, 2020 2,5 Mrd. DM, 2030 2,3 Mrd. DM, 2040 2,0 Mrd.DM.

Vgl. Anhang, Tabellen 6.1 bis 6.7

Quellen: IWG BONN; Burgert, D./Dicke, H./Glismann, H.H./ Horn, E.-J. (1999) und VDR (1998a)

5.25 Die Ausgaben im Übergang und bei Fortführung der bestehenden Alterssicherungssysteme

Schaubild 15 und Tabelle 7 zeigen die zu erwartenden Ausgaben, wenn

- der derzeitige Versorgungsgrad des alten Bevölkerungsteils im Rahmen öffentlicher Transfersysteme aufrechterhalten bleibt,

Schaubild 15: Ausgaben im Übergang zur Grundsicherung im Vergleich zum Status quo und zur Prognos AG 2000-2040 (schematische Darstellung)

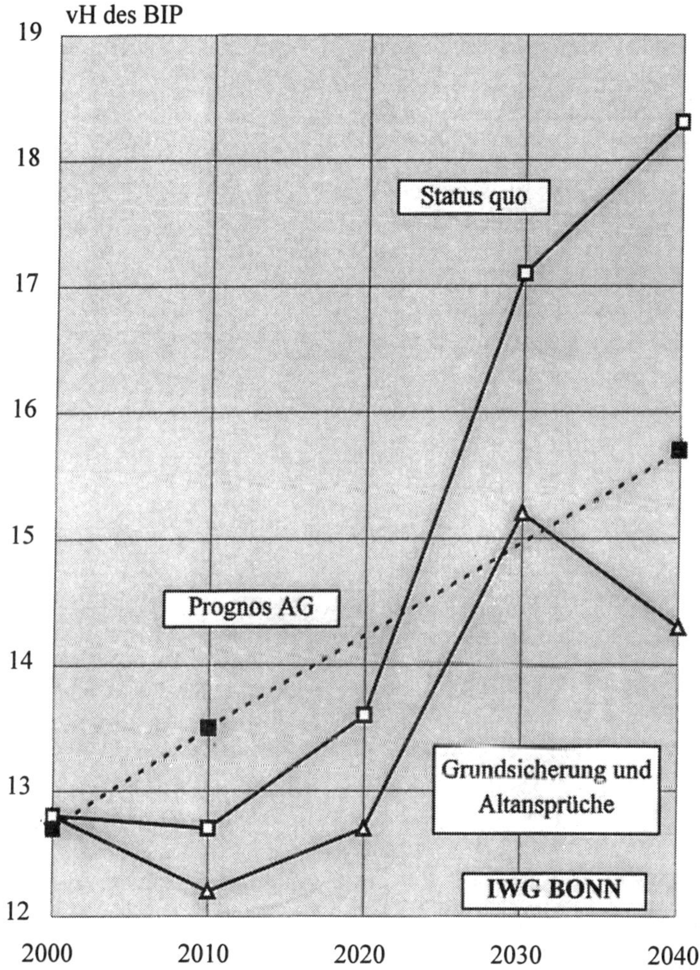

Quellen: IWG BONN; Burgert, D./Dicke, H./Glismann, H.H./ Horn, E.-J. (1999) und VDR (1998a)

Tabelle 7: Ausgaben im Übergang zur Grundsicherung im Vergleich zur Fortführung der bestehenden Alterssicherungssysteme 2000-2040 ohne Berücksichtigung von realem Pro-Kopf-Wachstum und Strukturveränderungen (in Preisen von 2000)

	2000	2010	2020	2030	2040
über59- bzw. 61- bzw. 62jährige in 1.000	18.758	18.342	18.950	22.620	22.475
BIP*					
in Mrd. DM	4.007,7	3.945,6	3.819,6	3.620,0	3.349,9
Status quo					
in Mrd. DM	512,6	501,2	517,8	618,1	614,2
in vH des BIP	12,8	12,7	13,6	17,1	18,3
in DM pro Kopf	27.327	27.327	27.327	27.327	27.327
Prognos AG 1998** (altes Recht)					
in Mrd. DM		532,7			525,9
in vH des BIP		13,5			15,7
in DM pro Kopf		29.040			23.400
GS und Altansprüche					
in Mrd. DM	512,6	482,0	484,5	550,5	477,5
in vH des BIP	12,8	12,2	12,7	15,2	14,3
in DM pro Kopf	27.327	26.278	25.567	24.337	21.246

IWG BONN

* Rückläufiges BIP aufgrund unterstellten konstanten Pro-Kopf-BIP bei zahlenmäßig abnehmender Bevölkerung

** Die Zahlen der Prognos AG (Mittelwert der oberen und unteren Variante) sind zur Ermittlung der Gesamtausgaben der bestehenden Alterssicherungssysteme mit dem Anpassungsfaktor 1,238 multipliziert und mit dem BIP korreliert.

Quellen: IWG BONN; Burgert, D./Dicke, H./Glismann, H.H./ Horn, E.-J. (1999) und VDR (1998a)

- sich der Versorgungsgrad entsprechend der geltenden Rechtslage (Stand 1999) entwickelt,
- unter Wahrung aller derzeit bestehenden Ansprüche eine solidarische Grundsicherung eingeführt wird.

Dabei wird in allen drei Szenarien davon ausgegangen, daß sich das durchschnittliche Renteneintrittsalter von gegenwärtig 59 Jahren bis 2020 schrittweise auf 62 Jahre erhöht.[277]

Wie der Vergleich verdeutlicht, sind die Ausgaben bei Aufrechterhaltung des derzeitigen Versorgungsgrades mit deutlichem Abstand am höchsten. Trotz ständigen Anstiegs des Renteneintrittsalters nimmt ihr Anteil am Bruttoinlandsprodukt von 12,8 vH im Jahre 2000 auf 18,3 vH im Jahre 2040 um reichlich zwei Fünftel zu.[278] Statt eines Achtels muß über öffentliche Transfers annähernd ein Fünftel des Bruttoinlandsprodukts dem alten Bevölkerungsteil übertragen werden. Um das zu finanzieren, müßten - bei einem gegenüber heute unveränderten Verhältnis von steuer- und beitragsfinanzierten Leistungen - die Rentenversicherungsbeiträge auf etwa 28 vH und zugleich auch die Steuern steigen.[279]

Langfristig scheinbar geringer sind die Ausgaben, wenn der derzeitige Versorgungsgrad des alten Bevölkerungsteils entsprechend der geltenden Rechtslage zurückgeführt wird. Wie der Prognos-Modellrechnung 1998 über die künftige Entwicklung der Rentenausgaben[280] zu entnehmen ist, steigt der öffentliche Mitteltransfer auf nur 15,7 vH im Jahre 2040, also um

---

277 Vgl. Ziffer 5.21.

278 Ohne Erhöhung der Altersgrenze hätte die Zunahme bei reichlich drei Fünftel gelegen.

279 Vgl. Ziffer 2.14.2.

280 Vgl. VDR (1998a).

lediglich 23 vH.[281] Der Transfer ist damit binnen vierzig Jahren um rund ein Siebentel geringer als bei Aufrechterhaltung des derzeitigen Versorgungsgrades.

Allerdings vernachlässigt diese Berechnung, daß bei einer derartigen Absenkung des Versorgungsniveaus die Zahl sozialhilfebedürftiger Rentner sprunghaft ansteigt, es sei denn, die öffentlichen Transfers würden strukturell grundlegend reformiert. Ohne eine solche Reform würden die in der gesetzlichen Alterssicherung eingesparten Mittel zu einem großen Teil in Form von Sozialhilfe wieder ausgegeben.[282] Tatsächlich sinken also nach geltender Rechtslage die Ausgaben für den alten Bevölkerungsteil im Vergleich zur Aufrechterhaltung des derzeitigen Versorgungsgrades nur mäßig, und gleichzeitig steigt der bürokratische Aufwand beträchtlich. Eine spürbare Entlastung des aktiven Bevölkerungsteils ist damit auch nach geltendem Recht nicht zu erwarten.

Eine solche Entlastung tritt nur ein, wenn die derzeitigen Systeme der gesetzlichen Alterssicherung bei Wahrung der bestehenden Altansprüche gleitend in eine solidarische Grundsicherung überführt werden. Mit 12,2 vH des Bruttoinlandsprodukts sind die Belastungen 2010 um 4 vH geringer als bei Fortführung der bestehenden Systeme und um ein Zehntel geringer als nach geltendem Recht.[283] In jedem Folgejahr öffnet sich die Schere weiter zugunsten des Grundsicherungskonzeptes. 2040

281 Für 2030 sind keine Werte ausgewiesen. Doch ist anzunehmen, daß zu dieser Zeit der BIP-Anteil eher über dem des Jahres 2040 liegt.

282 In den Berechnungen in Tabelle 7 ist dies nicht berücksichtigt.

283 Der im Vergleich zur Fortführung der bestehenden Systeme höhere BIP-Anteil nach Prognos im Jahr 2010 dürfte auf unterschiedliche Annahmen, z.B. bezüglich des Renteneintrittsalters und der wirtschaftlichen Entwicklung, zurückzuführen sein.

werden für dessen Finanzierung annähernd ein Viertel weniger Mittel benötigt als bei Aufrechterhaltung des derzeitigen Versorgungsniveaus und ein Zehntel weniger als bei Beibehaltung der geltenden Rechtslage, wobei dort die in diesem Falle steigenden Aufwendungen für die Sozialhilfe noch nicht einmal berücksichtigt sind.

Beim Übergang zur solidarischen Grundsicherung würden allein im Jahre 2040 im Vergleich zur Aufrechterhaltung des derzeitigen Versorgungsniveaus 137 Milliarden DM und im Vergleich zur Beibehaltung der geltenden Rechtslage 48 Milliarden DM weniger benötigt. Von 2000 bis 2040 würde der Übergang zur solidarischen Grundsicherung bei Befriedigung aller Altansprüche etwa 2 Billionen DM weniger kosten als die Aufrechterhaltung des derzeitigen Versorgungsniveaus und etwa 1 Billion DM weniger als die Beibehaltung der geltenden Rechtslage.[284] Mit diesen eingesparten Mitteln können die Bürger ihre kapitalfundierte, private Altersvorsorge substantiell verbessern. Versorgungslücken brauchen auch bei den Beziehern durchschnittlicher und überdurchschnittlicher Einkommen nicht zu entstehen.

5.3 Schlußfolgerungen

Beim Übergang von der bestehenden Vielzahl gesetzlicher Alterssicherungssysteme zu einer einheitlichen, solidarischen Grundsicherung bleiben alle Altansprüche bestehen. Niemand erleidet einen Verlust. In Gestalt einer erhöhten Grundsicherung, die für eine gewisse Zeit ähnlich wie die derzeitigen Renten- und Pensionsansprüche häufig lebensstandardsichernd sein wird, wirken die derzeitigen Alterssicherungssysteme -

284 Der Modellrechnung sind jeweils die durchschnittlichen Ausgaben während der Dekaden zugrundegelegt.

wenn auch abnehmend - jahrzehntelang fort. Zugleich werden alle, die bislang keinen Anspruch gegen eine gesetzliche Alterssicherung haben - z.B. Selbständige -, oder deren Ansprüche geringer sind als die Grundsicherung - vor allem Frauen -, nach und nach in das System der Grundsicherung integriert. Spätestens 25 Jahre nach Beginn der Umstellung der gesetzlichen Alterssicherung hat jeder Berechtigte einen vollen Grundsicherungsanspruch.

Dabei wird die aktive Generation zu keinem Zeitpunkt höher belastet als im bestehenden System. Vielmehr ist selbst in der Phase des Übergangs zur Grundsicherung die Belastung der aktiven Generation meistens geringer als bei der Aufrechterhaltung des derzeitigen Versorgungsniveaus oder der Beibehaltung der geltenden Rechtslage. Die Altansprüche werden nämlich im Übergang rascher abgebaut als Neuansprüche aufgebaut werden. Die Kosten des Übergangs übersteigen allenfalls kurzfristig und auch dann nur geringfügig die Aufwendungen, die nach geltender Rechtslage zu erwarten sind. Insgesamt wird jedoch jeder Jahrgang nicht nur nach Abschluß, sondern bereits während des Übergangs erheblich geringer belastet als bei Fortführung des derzeitigen Systems. Dadurch werden beachtliche Mittel für den Ausbau der auf privaten Vermögen gründenden Altersvorsorge frei.

Anhang

Im Auftrag des IWG BONN und aufgrund eigener Forschungsvorgaben haben die Wissenschaftler Derek Burgert, Dr. Hugo Dicke, Dr. Hans H. Glismann und Dr. Ernst-Jürgen Horn des Kieler Instituts für Weltwirtschaft ein "Quantitatives Szenario des Übergangs vom bestehenden System der Alterssicherung auf ein System der Grundsicherung für alle" erstellt und unter diesem Titel als Kieler Arbeitspapier veröffentlicht. Auf dieses Papier wird hiermit ausdrücklich verwiesen. Es enthält eine Fülle von Berechnungen und Einzelaussagen, die die vorliegende Studie ergänzen und erweitern.

Nachfolgend wird Bezug genommen auf die Übersicht 1 sowie die Tabellen A 14, 31, 20 und 7 sowie die Tabellen B 19, 21, 45, 46, 28, 34, 5, 6, 7, 8, 48 und 49 des Kieler Arbeitspapiers. Diese Tabellen bilden die Grundlage der hier veröffentlichten Tabellen 5 und 6. Allerdings ist zu beachten, daß die Tabellen des Kieler Arbeitspapiers mit Ausnahme der Demographie weitgehend auf Strukturdaten und Preisen von 1995 basieren. Sie wurden vom IWG BONN bis zum Jahr 2000 fortgeschrieben. Ferner faßte das IWG BONN mehrere Tabellen der Kieler Wissenschaftler zusammen.

Zu Tabelle 5

Die in Tabelle 5 enthaltenen Daten mußten zum Teil geschätzt werden. Die amtliche Rentenstatistik weist nämlich nicht Beitragszahler und Rentner, sondern nur Beitrags- und Renten*fälle* aus. Die Zahl letzterer ist jedoch wesentlich höher als die Zahl ersterer. Wie die für die Berechnungen in Tabelle 5 maßgeblichen Zahlen von Beitragszahlern und Rentnern ermittelt wurden, zeigt Tabelle 5.1.

Tabelle 5.1: Berechnungsschema für die Altansprüche in Tabelle 5

Art des Anspruchs (1)	Zahl der Anspruchs-berechtigten (2)	Anspruch je Berechtigten (3)	Anspruchs-summe aller Berechtigten (4)
1. Altersrenten (fällig)	geschätzt (Basis: Renten-versicherungs-bericht; VDR-Statistik)	errechnet [Spalte (4) : (2)]	übernommen (VDR-Statistik)
2. Renten wegen verminderter Erwerbsfähigkeit	übernommen (VDR-Statistik)	übernommen (VDR-Statistik)	übernommen (VDR-Statistik)
3. Hinterbliebenen-renten (fällig)	geschätzt (Basis: Renten-versicherungsbe-richt; VDR-Statistik)	errechnet [Spalte (4) : (2)]	übernommen (Basis: VDR-Statistik)
4. Hinterbliebenen-renten (nicht fällig)	geschätzt (Basis: An-spruchsarten-Er-gebnisse 1 bis 3)	geschätzt (Basis: 60 vH der Verstorbe-nen-An-sprüche)	errechnet [Spalte (2) · (3)]
5. Altersrenten (nicht fällig)	geschätzt (Basis: VDR-Statistik; Bevöl-kerungs- und Erwerbsstatistik)	übernommen (VDR-Statistik)	errechnet [Spalte (2) · (3)]
6. Summe aller Anspruchsarten in der GRV	—	—	errechnet
7. Gesetzliche Al-terssicherungssys-teme insgesamt	—	—	errechnet (Basis: Sozialbericht)

Tabelle 5.2: Altersrenten
in Milliarden DM in Preisen von 1995

Alter	2000	2010	2020	2030	2040
über 90	1,31	0,00	0,00	0,00	0,00
90	1,67	0,00	0,00	0,00	0,00
89	2,17	0,00	0,00	0,00	0,00
88	2,58	0,00	0,00	0,00	0,00
87	2,90	0,00	0,00	0,00	0,00
86	2,56	0,00	0,00	0,00	0,00
85	2,23	0,00	0,00	0,00	0,00
84	2,27	0,00	0,00	0,00	0,00
83	2,62	0,00	0,00	0,00	0,00
82	4,49	0,00	0,00	0,00	0,00
81	6,46	1,64	0,00	0,00	0,00
80	7,47	2,26	0,00	0,00	0,00
79	7,64	2,51	0,00	0,00	0,00
78	7,69	2,80	0,00	0,00	0,00
77	8,12	3,21	0,00	0,00	0,00
76	9,17	3,90	0,00	0,00	0,00
75	9,42	4,35	0,00	0,00	0,00
74	9,91	4,90	0,00	0,00	0,00
73	11,05	5,79	0,00	0,00	0,00
72	11,46	6,34	0,00	0,00	0,00
71	11,43	6,63	1,42	0,00	0,00
70	11,13	6,40	1,32	0,00	0,00
69	10,51	6,29	1,43	0,00	0,00
68	10,38	6,50	1,84	0,00	0,00
67	11,72	7,66	2,44	0,00	0,00
66	13,17	8,96	3,16	0,00	0,00
65	11,85	8,12	2,78	0,00	0,00
64	12,36	8,72	3,29	0,00	0,00
63	12,90	9,33	3,80	0,00	0,00
62	14,19	10,74	5,07	0,00	0,00
61	15,44	11,99	6,09	0,00	0,00
60	11,83	9,42	5,14	0,88	0,00
Summe	**260,08**	**138,48**	**37,79**	**0,88**	**0,00**

Tabelle 5.3: Renten wegen verminderter Erwerbsfähigkeit in Milliarden DM in Preisen von 1995

Alter	2000	2010	2020	2030	2040
64	2,22	1,43	0,47	0,00	0,00
63	1,98	1,36	0,51	0,00	0,00
62	1,93	1,37	0,56	0,00	0,00
61	2,23	1,64	0,72	0,00	0,00
60	2,26	1,71	0,83	0,00	0,00
59	2,48	1,93	1,01	0,00	0,00
58	2,22	1,77	0,99	0,00	0,00
57	2,09	1,70	1,01	0,00	0,00
56	1,89	1,57	0,98	0,26	0,00
55	1,61	1,36	0,88	0,28	0,00
54	1,31	1,12	0,76	0,27	0,00
53	0,94	0,81	0,57	0,23	0,00
52	0,84	0,74	0,54	0,23	0,00
51	0,73	0,65	0,49	0,22	0,00
50	0,49	0,44	0,34	0,17	0,00
49	0,46	0,42	0,33	0,17	0,00
48	0,45	0,42	0,34	0,19	0,00
47	0,42	0,39	0,32	0,19	0,00
46	0,41	0,38	0,32	0,20	0,06
45	0,38	0,35	0,30	0,20	0,07
44	0,35	0,33	0,28	0,20	0,07
43	0,31	0,30	0,26	0,19	0,08
42	0,28	0,27	0,24	0,18	0,08
41	0,27	0,26	0,23	0,18	0,08
40	0,24	0,23	0,21	0,16	0,08
39	0,23	0,22	0,20	0,16	0,09
38	0,21	0,20	0,18	0,15	0,09
37	0,18	0,18	0,16	0,13	0,08
36	0,17	0,17	0,16	0,13	0,09
35	0,15	0,15	0,14	0,12	0,08
34	0,14	0,13	0,13	0,11	0,08
33	0,12	0,12	0,11	0,10	0,07
32	0,11	0,11	0,10	0,09	0,07
31	0,10	0,09	0,09	0,08	0,06
30	0,08	0,08	0,07	0,07	0,05
Summe	**30,26**	**24,38**	**14,82**	**4,66**	**1,26**

Tabelle 5.4: Hinterbliebenenrenten in Mrd DM in Preisen von 95

Alter	2000	2010	2020	2030	2040
über 90	3,15	0,00	0,00	0,00	0,00
90	1,10	0,00	0,00	0,00	0,00
89	1,36	0,00	0,00	0,00	0,00
88	1,62	0,00	0,00	0,00	0,00
87	1,91	0,00	0,00	0,00	0,00
86	2,11	0,00	0,00	0,00	0,00
85	2,26	0,00	0,00	0,00	0,00
84	2,56	0,00	0,00	0,00	0,00
83	2,71	0,00	0,00	0,00	0,00
82	2,74	0,00	0,00	0,00	0,00
81	2,20	0,73	0,00	0,00	0,00
80	1,67	0,64	0,00	0,00	0,00
79	1,52	0,65	0,00	0,00	0,00
78	1,58	0,75	0,00	0,00	0,00
77	2,37	1,21	0,00	0,00	0,00
76	3,04	1,67	0,00	0,00	0,00
75	2,90	1,70	0,00	0,00	0,00
74	2,61	1,63	0,00	0,00	0,00
73	2,34	1,54	0,00	0,00	0,00
72	2,21	1,53	0,00	0,00	0,00
71	2,13	1,54	0,51	0,00	0,00
70	1,94	1,45	0,55	0,00	0,00
69	1,76	1,35	0,58	0,00	0,00
68	1,68	1,33	0,63	0,00	0,00
67	1,56	1,26	0,65	0,00	0,00
66	1,45	1,21	0,66	0,00	0,00
65	1,25	1,06	0,62	0,00	0,00
64	1,08	0,93	0,58	0,00	0,00
63	0,98	0,85	0,56	0,00	0,00
62	1,07	0,95	0,65	0,00	0,00
61	1,01	0,91	0,66	0,22	0,00
60	0,90	0,81	0,61	0,23	0,00
59	0,80	0,73	0,56	0,24	0,00
58	0,73	0,67	0,53	0,25	0,00
57	0,69	0,64	0,52	0,27	0,00
56	0,61	0,57	0,48	0,26	0,00
55	0,50	0,47	0,40	0,23	0,00
54	0,37	0,35	0,30	0,19	0,00
53	0,33	0,31	0,27	0,18	0,00
52	0,29	0,28	0,25	0,17	0,00
51	0,20	0,20	0,18	0,13	0,04
50	0,21	0,20	0,18	0,13	0,05
49	0,20	0,20	0,18	0,14	0,06
48	0,19	0,19	0,17	0,14	0,06
47	0,18	0,18	0,16	0,13	0,07
46	0,16	0,15	0,15	0,12	0,07
45	0,10	0,10	0,09	0,08	0,05
44	0,09	0,09	0,08	0,07	0,05
43	0,08	0,08	0,08	0,07	0,05
42	0,08	0,08	0,08	0,07	0,05
41	0,08	0,07	0,07	0,06	0,05
40	0,07	0,07	0,07	0,06	0,04
39	0,06	0,06	0,06	0,05	0,04
38	0,06	0,06	0,05	0,05	0,04
37	0,05	0,05	0,05	0,05	0,04
36	0,05	0,05	0,04	0,04	0,03
35	0,04	0,04	0,04	0,04	0,03
34	0,03	0,03	0,03	0,03	0,03
33	0,03	0,03	0,03	0,03	0,02
32	0,02	0,02	0,02	0,02	0,02
31	0,02	0,02	0,02	0,02	0,01
Summe	**67,1**	**31,7**	**12,4**	**3,8**	**0,9**

Tabelle 5.5: Altersrenten, die nach 2000 fällig werden in Milliarden DM in Preisen von 1995

Alter	2000	2010	2020	2030	2040
59	11,13	8,99	5,11	1,07	0,00
58	9,34	7,62	4,43	1,09	0,00
57	9,52	7,96	4,95	1,33	0,00
56	9,24	7,87	5,17	1,64	0,00
55	6,86	5,90	3,94	1,22	0,00
54	7,81	6,83	4,78	1,78	0,00
53	8,75	7,79	5,75	2,57	0,00
52	9,10	8,18	6,18	2,94	0,00
51	9,49	8,61	6,66	3,36	0,00
50	9,98	9,16	7,28	3,95	0,91
49	9,38	8,67	7,00	3,96	1,07
48	9,32	8,67	7,12	4,23	1,37
47	9,02	8,44	7,06	4,41	1,60
46	9,03	8,50	7,22	4,72	1,87
45	11,97	11,36	9,87	6,86	2,94
44	12,14	11,63	10,17	7,29	3,42
43	11,96	11,50	10,10	7,30	3,64
42	11,76	11,34	10,07	7,48	3,99
41	11,79	11,41	10,26	7,84	4,44
40	11,16	10,84	10,09	8,38	5,19
39	10,90	10,62	9,93	8,37	5,41
38	10,52	10,27	9,66	8,26	5,55
37	10,37	10,13	9,59	8,31	5,80
36	9,88	9,68	9,20	8,08	5,83
35	8,62	8,47	8,10	7,23	5,43
34	8,02	7,88	7,57	6,82	5,24
33	7,32	7,20	6,94	6,31	4,97
32	6,62	6,52	6,30	5,78	4,65
31	5,83	5,75	5,58	5,17	4,25
Summe	**277**	**258**	**216**	**148**	**78**
Davon Auszahlungen	0	61	113	137	78

Tabelle 5.2 ergänzt Tabelle 5, Zeile 1. Sie zeigt die Entwicklung der Aufwendungen für Altersrenten der am Stichtag im Jahr 2000 über 59jährigen Rentenbezieher. Dabei erhöht sich wegen der erwähnten Fortschreibung der Gesamtaufwand für Altersrenten von 260 Milliarden DM im Jahre 2000 - wie in Tabelle 5.2 ausgewiesen - gemäß Tabelle 5, Zeile 1 auf 301 Milliarden DM. Grundlage der Fortschreibung bildet die unterstellte Veränderungsrate des Bruttoinlandsprodukts 1995/2000 von 15,76 vH. Für die Folgejahre gilt entsprechendes.

Tabelle 5.3 ergänzt Tabelle 5, Zeile 2. Sie zeigt die Entwicklung der Aufwendungen für Renten wegen verminderter Erwerbsfähigkeit. Auch hier ist die Anpassung an das Jahr 2000 zu berücksichtigen. Statt rund 30 Milliarden DM - wie in Tabelle 5.3 für das Jahr 2000 ausgewiesen - sind gemäß Tabelle 5, Zeile 2 etwa 35 Milliarden DM aufzuwenden. Entsprechend höhere Beträge gelten auch für die Folgejahre.

Die Tabellen 5.4 und 5.5 ergänzen analog der Tabellen 5.2 und 5.3 die Zeilen 3 und 4 der Tabelle 5.

Zu Tabelle 6

Die Tabellen 6.1 bis 6.7 ergänzen die Aussagen zur Grundsicherung in Zeile 3 der Tabelle 6. Dabei zeigen die Tabellen 6.1 bis 6.5 - analog zu den Tabellen 5.2 bis 5.5 - die Entwicklung der Grundsicherungszahlungen an Altersrentner (Tabelle 6.1), Erwerbsunfähige (Tabelle 6.2), Hinterbliebene (Tabellen 6.3 und 6.4) und Sozialversicherte, deren Altansprüche nach 2000 fällig werden (Tabelle 6.5). Dabei sind nur Grundsicherungszahlungen an Rentner mit Altansprüchen unterhalb des Grundsicherungsbetrags berücksichtigt. Rentner mit Ansprüchen oberhalb des Grundsicherungsbetrags erhalten - anders als Sozialversicherungspflichtige, deren Ansprüche nach 2000 fällig werden -, keine Grundsicherungszahlungen. Bei Beamten mit fälligen Versorgungsansprüchen ist unterstellt, daß alle diese Ansprüche über dem Grundsicherungsbetrag liegen. Somit fallen für diese Gruppe keine Grundsicherungszahlungen an.

Tabelle 6.6 zeigt die Entwicklung von Grundsicherungszahlungen an Personen, die am Stichtag keinen Anspruch an bestehende gesetzliche Alterssicherungssysteme haben. Tabelle 6.7 gibt Auskunft über die Entwicklung der Gesamtausgaben der Grundsicherung im Übergang. Für über 40jährige Beamte und Landwirte, deren Versorgungsansprüche nach 2000 fällig werden, ist ein Aufschlag auf die Grundsicherungszahlungen an sozialversicherungspflichtig Beschäftigte in Höhe von 1,0966 unterstellt. Für unter 40jährige Beamte und Landwirte sind für die Jahre 2030 und 2040 Grundsicherungszahlungen in Höhe von jeweils 4 Milliarden DM unterstellt. Aus der Addition aller dieser Ansprüche ergeben sich die zu erwartenden Aufwendungen für die Grundsicherung, wobei wiederum die Fortschreibung in Tabelle 6 zu berücksichtigen ist. Während die Kieler Wissenschaftler für das Jahr 2000 von einem Grundsicherungsbetrag von jährlich 18.480 DM ausgehen, ist in Tabelle 6 ein Grundsicherungsbetrag von jährlich 19.200 DM unterstellt. Hieraus ergeben sich gegenüber den Werten der Tabellen 6.1 bis 6.7 höhere Zahlen.

Tabelle 6.1: Grundsicherungszahlungen an Altersrentner mit Renten unterhalb der Grundsicherung in Milliarden DM in Preisen von 1995

Alter	2000	2010	2020	2030	2040
über 90	0,000	0,000	0,000	0,000	0,000
90	0,000	0,000	0,000	0,000	0,000
89	0,000	0,000	0,000	0,000	0,000
88	0,000	0,000	0,000	0,000	0,000
87	0,000	0,000	0,000	0,000	0,000
86	0,000	0,000	0,000	0,000	0,000
85	0,000	0,000	0,000	0,000	0,000
84	0,000	0,000	0,000	0,000	0,000
83	0,000	0,000	0,000	0,000	0,000
82	0,000	0,000	0,000	0,000	0,000
81	0,000	0,347	0,000	0,000	0,000
80	0,000	0,474	0,000	0,000	0,000
79	0,000	0,499	0,000	0,000	0,000
78	0,000	0,547	0,000	0,000	0,000
77	0,000	0,614	0,000	0,000	0,000
76	0,000	0,715	0,000	0,000	0,000
75	0,000	0,773	0,000	0,000	0,000
74	0,000	0,829	0,000	0,000	0,000
73	0,000	0,933	0,000	0,000	0,000
72	0,000	0,990	0,000	0,000	0,000
71	0,000	1,017	0,216	0,000	0,000
70	0,000	0,735	0,102	0,000	0,000
69	0,000	0,696	0,085	0,000	0,000
68	0,000	0,730	0,164	0,000	0,000
67	0,000	0,884	0,239	0,000	0,000
66	0,000	0,970	0,308	0,000	0,000
65	0,000	0,723	0,192	0,000	0,000
64	0,000	0,782	0,230	0,000	0,000
63	0,000	0,845	0,264	0,000	0,000
62	0,000	0,993	0,430	0,000	0,000
61	0,000	1,104	0,524	0,000	0,000
Summe	**0,000**	**16,202**	**2,754**	**0,000**	**0,000**

Tabelle 6.2: Grundsicherungszahlungen an vermindert Erwerbsfähige mit Renten unterhalb der Grundsicherung in Milliarden DM in Preisen von 1995

Alter	2000	2010	2020	2030	2040
65	0,000	0,347	0,126	0,000	0,000
64	0,000	0,355	0,147	0,000	0,000
63	0,000	0,355	0,160	0,000	0,000
62	0,000	0,420	0,203	0,000	0,000
61	0,000	0,437	0,229	0,000	0,000
60	0,000	0,494	0,278	0,000	0,000
59	0,000	0,461	0,275	0,000	0,000
58	0,000	0,452	0,285	0,000	0,000
57	0,000	0,419	0,277	0,081	0,000
56	0,000	0,361	0,248	0,085	0,000
55	0,000	0,298	0,212	0,082	0,000
54	0,000	0,218	0,160	0,068	0,000
53	0,000	0,198	0,150	0,069	0,000
52	0,000	0,174	0,136	0,067	0,000
51	0,000	0,119	0,095	0,051	0,000
50	0,000	0,112	0,091	0,051	0,000
49	0,000	0,113	0,094	0,057	0,000
48	0,000	0,106	0,089	0,057	0,000
47	0,000	0,103	0,088	0,059	0,018
46	0,000	0,097	0,085	0,059	0,020
45	0,000	0,090	0,079	0,057	0,022
44	0,000	0,082	0,073	0,054	0,023
43	0,000	0,074	0,067	0,051	0,024
42	0,000	0,071	0,065	0,051	0,026
41	0,000	0,062	0,057	0,046	0,025
40	0,000	0,059	0,055	0,045	0,026
39	0,000	0,054	0,050	0,041	0,025
38	0,000	0,047	0,044	0,037	0,024
37	0,000	0,046	0,044	0,038	0,025
36	0,000	0,040	0,038	0,033	0,023
35	0,000	0,037	0,035	0,031	0,022
34	0,000	0,033	0,031	0,028	0,021
33	0,000	0,030	0,029	0,026	0,020
32	0,000	0,026	0,025	0,023	0,018
31	0,000	0,021	0,020	0,019	0,015
Summe	**0,000**	**6,411**	**4,139**	**1,365**	**0,376**

Tabelle 6.3: Grundsicherungszahlungen an Hinterbliebene (alt) mit Renten unterhalb der Grundsicherung in Milliarden DM in Preisen von 1995

Alter	2000	2010	2020	2030	2040
über 90	0,000	0,000	0,000	0,000	0,000
90	0,000	0,000	0,000	0,000	0,000
89	0,000	0,000	0,000	0,000	0,000
88	0,000	0,000	0,000	0,000	0,000
87	0,000	0,000	0,000	0,000	0,000
86	0,000	0,000	0,000	0,000	0,000
85	0,000	0,000	0,000	0,000	0,000
84	0,000	0,000	0,000	0,000	0,000
83	0,000	0,000	0,000	0,000	0,000
82	0,000	0,000	0,000	0,000	0,000
81	0,000	0,113	0,000	0,000	0,000
80	0,000	0,099	0,000	0,000	0,000
79	0,000	0,102	0,000	0,000	0,000
78	0,000	0,117	0,000	0,000	0,000
77	0,000	0,192	0,000	0,000	0,000
76	0,000	0,265	0,000	0,000	0,000
75	0,000	0,270	0,000	0,000	0,000
74	0,000	0,259	0,000	0,000	0,000
73	0,000	0,247	0,000	0,000	0,000
72	0,000	0,244	0,000	0,000	0,000
71	0,000	0,247	0,082	0,000	0,000
70	0,000	0,234	0,089	0,000	0,000
69	0,000	0,220	0,095	0,000	0,000
68	0,000	0,220	0,104	0,000	0,000
67	0,000	0,209	0,107	0,000	0,000
66	0,000	0,203	0,112	0,000	0,000
65	0,000	0,178	0,105	0,000	0,000
64	0,000	0,158	0,099	0,000	0,000
63	0,000	0,147	0,097	0,000	0,000
62	0,000	0,161	0,111	0,000	0,000
61	0,000	0,156	0,113	0,037	0,000
Summe	**0,0**	**4,0**	**1,1**	**0,0**	**0,0**

Tabelle 6.4: Grundsicherungszahlungen an Hinterbliebene (neu) mit Renten unterhalb der Grundsicherung in Milliarden DM in Preisen von 1995

	2000	2010	2020	2030	2040
Hinterbliebene (neu) (in Tsd.)	0	1.660	3.180	4.117	2.325
Hinterbliebene (neu) unter Grundsicherung (in Tsd.)	0	1.053	2.406	3.876	2.325
Anteil unter GS in vH		63,5	75,7	94,1	100,0
Hinterbliebene über Grundsicherung (in Tsd.)	0	607	774	241	0
Anteil über GS in vH		36,5	24,3	5,9	0,0
Jährliche Pro-Kopf-Ansprüche an die Grundsicherung Hinterbliebene (neu) unter GS in DM		6.127	6.455	6.790	6.870
Grundsicherungszahlungen insgesamt in Mrd. DM	**0,0**	**5,31**	**12,56**	**17,59**	**6,81**

Tabelle 6.5: Grundsicherungszahlungen an ehemals sozialversicherungspflichtig Beschäftigte in Milliarden DM in Preisen von 1995

Alter	2000	2010	2020	2030	2040
59	0,00	2,15	1,84	0,63	0,00
58	0,00	2,01	1,76	0,68	0,00
57	0,00	2,25	1,98	0,84	0,00
56	0,00	2,41	2,07	0,94	0,00
55	0,00	1,95	1,73	0,84	0,00
54	0,00	2,43	2,09	1,09	0,00
53	0,00	2,77	2,52	1,39	0,00
52	0,00	3,07	2,86	1,67	0,00
51	0,00	0,00	3,35	2,06	0,00
50	0,00	0,00	4,06	2,62	0,74
49	0,00	0,00	4,25	2,85	0,94
48	0,00	0,00	4,75	3,31	1,24
47	0,00	0,00	4,99	3,59	1,48
46	0,00	0,00	5,51	4,09	1,82
45	0,00	0,00	8,03	6,12	2,90
44	0,00	0,00	8,79	6,85	3,50
43	0,00	0,00	9,23	7,58	4,15
42	0,00	0,00	0,00	8,14	4,73
41	0,00	0,00	0,00	9,27	5,67
40	0,00	0,00	0,00	9,08	5,76
39	0,00	0,00	0,00	6,45	4,39
38	0,00	0,00	0,00	7,00	4,92
37	0,00	0,00	0,00	7,70	5,58
36	0,00	0,00	0,00	8,40	6,26
35	0,00	0,00	0,00	8,41	6,49
34	0,00	0,00	0,00	8,91	7,01
33	0,00	0,00	0,00	9,03	7,24
32	0,00	0,00	0,00	0,00	7,39
31	0,00	0,00	0,00	0,00	7,31
Summe	**0,00**	**19,05**	**69,79**	**129,54**	**89,53**

Tabelle 6.6: Grundsicherungszahlungen an Personen ohne gesetzlichen Alterssicherungsanspruch in Milliarden DM in Preisen von 1995

	2000	2010	2020	2030	2040
Alter	über 59	über 61	über 62	über 62	über 62
Personen					
in 1000	709	2.952	4.461	6.438	12.473
GS-Ansprüche (Anteile an GS pro Kopf)	0	0,4	0,8	1	1
Anspruchspunkte insgesamt		1.181	3.569	6.438	12.473
Höhe der Grundsicherung in DM	18.480	18.480	18.480	18.480	18.480
GS-Ausgaben in Mrd. DM	**0**	**22**	**66**	**119**	**231**
nachrichtlich:					
Personen über 59, 61,62 insgesamt in 1000	18.758	18.342	18.950	22.620	22.475
davon					
mit Renten/Pensionsansprüchen	18.049	15.390	14.489	16.181	10.002

Tabelle 6.7: Gesamtausgaben der Grundsicherung in Milliarden DM in Preisen von 1995

	2000	2010	2020	2030	2040
1. Altersrentner	**0**	**16**	**3**	**0**	**0**
Männer	0	4	1	0	0
Frauen	0	12	2	0	0
2. Erwerbsunfähigkeitsrentner	**0**	**6**	**4**	**1**	**0**
Männer	0	2	1	0	0
Frauen	0	4	3	1	0
3. Hinterbliebenen-rentenbezieher (alt)*	**0**	**4**	**1**	**0**	**0**
4. Hinterbliebenen-rentenbezieher (neu)*	**0**	**5**	**13**	**18**	**7**
5. SV-Beschäftigte	**0**	**19**	**70**	**130**	**90**
Männer unter GS	0	6	25	55	36
Männer über GS	0	4	8	5	1
Frauen unter GS	0	9	36	70	52
Frauen über GS	0	0	0	0	0
5a. Beamte, Landwirte u.a.**	**0**	**2**	**7**	**11**	**7**
6. Personen ohne gesetzlichen Alterssicherungsanspruch	**0**	**22**	**66**	**119**	**231**
7. Gesamtausgaben***	**0**	**75**	**163**	**278**	**334**

* Einschließlich Witwen von Beamten und Altersgeldempfängern.

** Berechnungen des IWG BONN. Burgert, D. et. al. (1999) kommen in den einzelnen Referenzjahren mit 0; 0,4; 2,6; 7,4 und 5,8 Mrd DM zu deutlich niedrigeren Werten.

*** Die Summen wurden aus ungerundeten Werten errechnet und dann gerundet, so daß sich Abweichungen zu den Summen gerundeter Zahlen ergeben können.

Bibliographie

Antrag der Abgeordneten Rudolf Dreßler, Ulrike Mascher, Ottmar Schreiner u.a. (1997), Strukturreform statt Leistungskürzungen in der Alterssicherung, Bundestagsdrucksache 13/8032, Bonn

Antrag der Gruppe der PDS (1996), Soziale Grundsicherung gegen Armut und Abhängigkeit, Für mehr soziale Gerechtigkeit und ein selbstbestimmtes Leben, Bundestagsdrucksache 13/3628, Bonn

Bach, S./Bartholmai, B. (1998), Immobilienvermögen privater Haushalte in Deutschland 1995, in: DIW-Wochenbericht 35, S. 630-642

Bedau, K.-D. (1998a), Geldvermögen und Vermögenseinkommen der privaten Haushalte 1997, in: DIW-Wochenbericht 30, S. 541-550

Derselbe (1998b), Auswertung von Statistiken über die Vermögensverteilung in Deutschland, in: Beiträge zur Strukturforschung des DIW 173, Berlin

Bertelsmann Stiftung/Heinz Nixdorf Stiftung/Ludwig Erhard Stiftung (Hrsg.) (1998), Reformkommission soziale Marktwirtschaft, Stellungnahme zum Rentenreformgesetz 1999, Gütersloh

Biedenkopf, K.H./Miegel, M. (1997), Von der Arbeitnehmerrente zur Bürgerrente - Das Konzept der Grundsicherung im Alter für alle Bürgerinnen und Bürger, Bonn/Dresden

Bomsdorf, E. (1993), Generationensterbetafeln für die Geburtsjahrgänge 1923-1993, Modellrechnungen für die Bundesrepublik Deutschland, Bergisch-Gladbach

Derselbe (1994), Alternative Modellrechnungen der älteren Bevölkerung Deutschlands bis zum Jahr 2050, Bergisch-Gladbach/Köln

Borchert, J. (1993), Renten vor dem Absturz - Ist der Sozialstaat am Ende?, Frankfurt/M.

Börsch-Supan, A. (1996), The Consequences of Population Aging for Growth and Savings, in: Bovenberg, L./van Ewijk, C. (Hrsg.), Lecture Notes on Pensions and Aging, Oxford

Breyer, F. (1990), Ökonomische Theorie der Alterssicherung, München

Brombacher-Steiner, V. (1998), Das Drei-Säulen-Modell der Schweiz, in: Deutsche Rentenversicherung 6-7-8, S. 432-438

Bundesministerium der Finanzen - BMF (Hrsg.) (1999), Finanznachrichten 2, Bonn

Bundesministerium des Innern - BMI (1996), Modellrechnungen zur Bevölkerungsentwicklung in der Bundesrepublik Deutschland bis zum Jahr 2040, Bonn

Bundesministerium für Arbeit und Sozialordnung - BMAS (Hrsg.) (1995), Argumente zur Sicherheit der Renten, Bonn

Dasselbe (Hrsg.) (1997a), Entwurf zum Rentenreformgesetz 1999. Begründung, Gesetzestexte (Auszüge, Erläuterungen), Bonn

Dasselbe (Hrsg.) (1997b), EUROATLAS - Soziale Sicherheit im Vergleich, Bonn

Dasselbe (Hrsg.) (1997c), Vorschläge der Kommission "Fortentwicklung der Rentenversicherung", Bonn

Dasselbe (Hrsg.) (1997d), Materialband zum Sozialbudget 1997, Bonn

Dasselbe (Hrsg.) (1998a), Die Rente: Von Generation zu Generation, Bonn

Dasselbe (Hrsg.) (1998b), Rentengesetze, Textausgabe, Bonn

Dasselbe (Hrsg.) (1998c), Sozialbericht 1997, Bonn

Dasselbe (Hrsg.) (1998d), Gesetz zur Reform der gesetzlichen Rentenversicherung (Rentenreformgesetz 1999 - RRG 1999), in: Bundesarbeitsblatt 2, S. 56-82, Bonn

Bundesministerium für Bildung, Wissenschaft, Forschung und Technologie - BMBF (Hrsg.) (1997), Grund- und Strukturdaten 1997/98, Bonn

Bundesministerium für Wirtschaft - BMWi (Hrsg.) (1998), Grundlegende Reform der gesetzlichen Rentenversicherung, Gutachten des Wissenschaftlichen Beirats beim Bundesministerium für Wirtschaft, in: Studienreihe 99, Bonn

Bundesregierung (Hrsg.) (1996), Bericht der Bundesregierung über die im Kalenderjahr 1993 erbrachten Versorgungsleistungen im öffentlichen Dienst sowie über die Entwicklung der Versorgungsausgaben in den nächsten 15 Jahren - Versorgungsbericht, Bundestagsdrucksache 13/5840, Bonn

Dieselbe (Hrsg.) (1997), Alterssicherungsbericht 1997, Bonn

Dieselbe (Hrsg.) (1998), Rentenversicherungsbericht 1998, Bonn

Bundesverband deutscher Banken (Hrsg.) (1996), Stärkung der privaten Altersvorsorge - Zur Reform der Alterssicherung, Daten, Fakten, Argumente, Köln

Bundesversicherungsanstalt für Angestellte - BfA (Hrsg.) (1997a), SGB-Sozialgesetzbuch, VI, Gesetzliche Rentenversicherung, Text und Erläuterungen, Berlin

Dieselbe (Hrsg.) (1997b), Rentenreform 1999 - Die wichtigsten Neuregelungen im Überblick, BfA-aktuell, Berlin

Bündnis 90/Die Grünen (Hrsg.) (1997), Bedarfsorientierte Grundsicherung. Ein soziales Netz gegen die Armut, Dokumentation der gleichnamigen Anhörung am 25. April, Bonn

Dieselben (Hrsg.) (1998a), Grün ist der Wechsel. Programm zur Bundestagswahl 98, Bonn

Dieselben (Hrsg.) (1998b), Neue Mehrheiten nur mit uns. 1998-2002 - Vier Jahre für einen politischen Neuanfang, Bonn

Burgert, D./Dicke, H./Glismann, H.-H./Horn, E.-J. (1999), Ein quantitatives Szenario des Übergangs des bestehenden Systems der Alterssicherung auf ein System der Grundsicherung für alle, in: Institut für Weltwirtschaft (Hrsg.), Kieler Arbeitspapier, Kiel (in Vorbereitung)

CDU (Hrsg.) (1998), Zukunftsprogramm der Christlich Demokratischen Union Deutschlands, Beschluß des 10. Parteitags der CDU Deutschlands vom 17. bis 19. Mai in Bremen, Bonn

Deutsche Bundesbank (1998a), Ergebnisse der gesamtwirtschaftlichen Finanzierungsrechnung für Deutschland 1990 bis 1997, Frankfurt/M.

Dieselbe (1998b), Ergebnisse der gesamtwirtschaftlichen Finanzierungsrechnung für Westdeutschland, Frankfurt/M.

DER SPIEGEL (1998), Das goldene Los - Die Väter des Wirtschaftswunders hinterlassen ihren Kindern in den nächsten fünf Jahren Werte in Höhe von zwei Billionen Mark, 17, Hamburg, S. 78-103

Deutsche Bank Research (1997), Privatisierung der Rentenversicherung - Ein Weg aus dem Dilemma der Sozialpolitik, in: Bulletin 3, Aktuelle Wirtschafts- und Währungsfragen, S. 5-14

Deutscher Bundestag (Hrsg.) (1998), Demographischer Wandel: Zweiter Bericht der Enquête-Kommission "Demographischer Wandel" - Herausforderungen unserer älter werdenden Gesellschaft an den einzelnen und die Politik, Bonn

Deutscher Gewerkschaftsbund (Hrsg.) (1998), Zur Entwicklung von Löhnen, Gewinnen, Kapitalrendite und Lohnstückkosten in Deutschland, in: Informationen zur Wirtschafts- und Strukturpolitik 2, Düsseldorf

Deutsches Institut für Altersvorsorge GmbH - DIAV (Hrsg.) (1998), Renditen der gesetzlichen Rentenversicherung im Vergleich zu alternativen Anlageformen, Frankfurt/M.

Dasselbe (Hrsg.) (1999), Expertengespräch über Reformvorschläge zur Alterssicherung in Deutschland, Frankfurt/M.

Döring, D. (1980), Das System der gesetzlichen Rentenversicherung - Eine sozialpolitische Einführung, Frankfurt/M./New York

Dresdner Bank (Hrsg.) (1997), Renten auf dem Prüfstand - Zur Zukunft der Alterssicherungssysteme, Wirtschaftsanalysen Trends spezial, Frankfurt/M.

Eitenmüller, S. (1997), Die Rentabilität der gesetzlichen Rentenversicherung - Kapitalmarktanaloge Rentenberechnungen für die nahe und die ferne Zukunft -, in: Deutsche Rentenversicherung 12, S. 784-798

Derselbe/Hain, W. (1998a), Potentielle Effizienzvorteile kontra Übergangskosten - Modellrechnungen zu den Belastungswirkungen bei einem Wechsel des Finanzierungsverfahrens in der gesetzlichen Rentenversicherung, in: Deutsche Rentenversicherung 9-10, S. 634-654

Dieselben (1998b), Renditen im Umlageverfahren - Anmerkungen zu einem "einfachen Zusammenhang", in: Wirtschaftsdienst 11, S. 676-680

Eurostat (1997), Bevölkerungsstatistik 1997, Luxemburg

FDP (Hrsg.) (1998), FDP-Wahlprogramm zur Bundestagswahl 1998, in: Freie Demokratische Korrespondenz (fdk), Sonderausgabe vom 10.07., Bonn

Feldstein, M. (1974), Social Security, Induced Retirement and Aggregate Capital Accumulation, in: Journal of Political Economy, vol. 82, S. 905-962

Derselbe (1978), Reply, in: Barro, R.J., The Impact of Social Security on Private Savings: Evidence from the US Time Series, American Enterprise Institute, Studies No. 199, Washington, D.C., S. 37-47

Frankfurter Institut (1997a), Jetzt die Weichen richtig stellen! - Die Vorschläge der Blüm-Kommission sind unhaltbar. Vorschlag für eine solide Alterssicherung in Deutschland, Bad Homburg

Dasselbe (Hrsg.) (1997b), Rentenkrise. Und wie wir sie meistern können, Kleine Handbibliothek 21, Bad Homburg

Frerich, J./Frey, M. (1996), Handbuch der Geschichte der Sozialpolitik in Deutschland, Band I und III, München

Gesellschaft für Konsum-, Markt- und Absatzforschung e.V. (GfK) (Hrsg.) (1992), Die neuen Alten - Schlagwort der Medien oder marketingrelevante Zielgruppe?, Nürnberg

Gesellschaft für Versicherungswissenschaft und -gestaltung e.V. - GVG (1997), GVG-Papier "Altersversicherung: Finanzierung durch Umlage und Kapitaldeckung", ID 257, Köln

Gesetz zu Korrekturen in der Sozialversicherung und zur Sicherung der Arbeitnehmerrechte vom 19. Dezember 1998, in: Bundesgesetzblatt (1998), Teil I/85 vom 28. Dezember

Gillies, P. (1998), Präzise Unverbindlichkeiten - Die Wirtschaftsprogramme der Parteien zur Bundestagswahl 1998, Frankfurter Institut (Hrsg.), Bad Homburg

Glismann, H.H./Horn, E.-J. (1995), Die Krise des deutschen Systems der staatlichen Alterssicherung, in: ORDO - Jahrbuch für die Ordnung von Wirtschaft und Gesellschaft, Band 46, Stuttgart u.a., S. 309-344

Globus Kartendienst GmbH, diverse Jahrgänge, Hamburg

Hain, W./Eitenmüller, S./Barth, S. (1997), Von Renditen, Gerechtigkeit und Reformvorschlägen, in: Sozialer Fortschritt 9-10, S. 213-226

Hain, W./Müller, H.-W. (1998), Demographische Komponente, Zusätzlicher Bundeszuschuß, Verstetigung des Beitragssatzes und finanzielle Auswirkungen des RRG 1999, in: Deutsche Rentenversicherung 1-2, S. 105-124

Handelsblatt (Hrsg.) (1998), Die Rendite schrumpft bei allen Vorsorgeformen - BfA-Präsident Rische plädiert für zusätzliche private und betriebliche Versorgung, 14. Juli

Hertel, J. (1998), Aufwendungen für den Lebensunterhalt von Kindern, in: Wirtschaft und Statistik 6, S. 523-533

Holzmann, R. (1998), Kommentar zu "Older and Wiser: The Economics of Public Pensions" von Lawrence Thompson, Urban Institute auf der "Stockholm Conference on the Future of Social Security" vom 29. Juni bis 1. Juli

Homburg, S. (1988), Theorie der Alterssicherung, Berlin u.a.

Infratest Burke Kommunikationsforschung GmbH (1998), Deutschland in 10 Jahren, Studie im Auftrag der Süddeutschen Zeitung und des SZ-Magazins, München

Institut der deutschen Wirtschaft - IW (Hrsg.) (1997), Reform des Sozialstaats. Vorschläge, Argumente, Modellrechnungen zur Alterssicherung, Köln

Dasselbe (1998), Arbeiten für zwei Mark die Stunde, in: iwd 46, S. 4f.

International Monetary Fund - IMF (Hrsg.) (1996), Aging Populations and Public Pension Schemes, Occasional Paper 147, Washington, D.C.

Kaltenborn, B. (1995), Modelle der Grundsicherung: ein systematischer Vergleich, Baden-Baden

Kim, S. (1992), Gesetzliche Rentenversicherung und Ersparnisbildung der privaten Haushalte in der Bundesrepublik Deutschland von 1962 bis 1988, in: Zeitschrift für die gesamte Versicherungswissenschaft 81, S. 555-578

Klodt, H./Stehn J. et al. (1994), Standort Deutschland: Strukturelle Herausforderungen im neuen Europa, in: Siebert, H. (Hrsg.), Kieler Studien 265, Tübingen

Kohli, M. et al. (1999), Familiale Generationenbeziehungen im Wohlfahrtsstaat: Die Bedeutung privater intergenerationeller Hilfeleistungen und Transfers, in: WSI Mitteilungen 1, S. 20-25
Kommission für Zukunftsfragen der Freistaaten Bayern und Sachsen (Hrsg.) (1996/1997), Erwerbstätigkeit und Arbeitslosigkeit in Deutschland - Entwicklung, Ursachen und Maßnahmen, Teil I bis III, Bonn
Dieselbe (Hrsg.) (1998), Erwerbstätigkeit und Arbeitslosigkeit in Deutschland - Entwicklung, Ursachen und Maßnahmen, München
Lampert, H. (1994), Lehrbuch der Sozialpolitik, 3. Auflage, Berlin u.a.
Maunz, T./Dürig, G./Herzog, R./Scholz, R. et al. (Hrsg.) (1993), Grundgesetz, Kommentar, 4 Bände, München
Miegel, M. (1981), Sicherheit im Alter - Plädoyer für die Weiterentwicklung des Rentensystems, Stuttgart
Derselbe (1983), Die verkannte Revolution (1) - Einkommen und Vermögen der privaten Haushalte, Stuttgart
Derselbe (1994a), Auf Sand gebaut, in: manager magazin 5, S. 104-111
Derselbe (1994b), Zukunft erst durch Umbau, Vorschläge zur finanzierbaren Alterssicherung, in: Evangelische Kommentare 1, S. 22-24
Derselbe (1995), Perspektiven des Sozialstaats in Deutschland - ein Entwurf für die Jahre 2000 folgende, in: Fricke, W. (Hrsg.), Zukunft des Sozialstaats, Jahrbuch Arbeit + Technik 1995, Bonn, S. 146-156
Derselbe (1996), Nachdenken über den Sozialstaat, in: MERKUR 3, S. 216-225
Derselbe (1997a), Zuwanderung und Sozialstaat, in: Angenendt, S. (Hrsg.), Migration und Flucht, Bundeszentrale für politische Bildung, Bonn, S. 99-104

Derselbe (1997b), Versicherung oder Grundversorgung? Alternativen zum unbezahlbaren Sozialsystem, in: Bielmeier, J./Oberreuter H. (Hrsg.), Der bezahlbare Wohlstand, München, S. 57-65

Derselbe (1998), Sozialstaat Deutschland, in: Glaser, H./Lindenmann R. (Hrsg.), Arbeit in der Krise - von der Notwendigkeit des Umdenkens, Cadolzburg, S. 138-145

Miegel, M./Wahl, S. (1985), Gesetzliche Grundsicherung Private Vorsorge - Der Weg aus der Rentenkrise, Stuttgart

Dieselben (1986), Wie reformbedürftig ist die gesetzliche Alterssicherung?, in: Die Sozialversicherung 4, S. 91-94

Dieselben (1988), Replik zu Franz Ruland: Sozial- und rechtspolitische Bedenken gegen eine Grundrente, in: Zeitschrift für Rechtspolitik 6, S. 219 f.

Dieselben (1998), Das Ende des Individualismus - Die Kultur des Westens zerstört sich selbst, 4. Auflage, München/Landsberg am Lech

Morath, K. (Hrsg.) (1998), Verläßliche soziale Sicherung, Bad Homburg

Müller, H.-W./Tautz, R. (1996), Ein Grundrentensystem ist teuer!, in: Deutsche Rentenversicherung 12, S. 770-783

Noelle-Neumann, E./Köcher, R. (Hrsg.) (1997), Allensbacher Jahrbuch der Demoskopie 1993-1997, Bd. 10, München u.a.

Neumann, M. (1986), Möglichkeiten zur Entlastung der gesetzlichen Rentenversicherung durch kapitalbildende Vorsorgemaßnahmen, Tübingen

Derselbe (1997), Vom Umlageverfahren zum Kapitaldekkungsverfahren: Optionen zur Reform der Alterssicherung, in: Frankfurter Institut (Hrsg.), Rentenkrise. Und wie wir sie meistern können, Bad Homburg

ntv-emnid (1997), Repräsentative Befragungen zum Rentensystem vom 30.03.1997, Berlin

OECD (1998a), Die Welt im Jahr 2020 - Aufbruch in ein neues globales Zeitalter, Paris
Dieselbe (1998b), Maintaining Prosperity in an Ageing Society, Paris
Dieselbe (1998c), Revenue Statistics 1965-1997, Paris
Ohsmann, S./Stolz, U. (1997), Beitragszahlungen haben sich gelohnt, in: Deutsche Angestelltenversicherung 3, S. 119-124
Opaschowski, H.W. (1997), Deutschland 2010, Wie wir morgen leben - Voraussagen der Wissenschaft zur Zukunft unserer Gesellschaft, Hamburg
Ottnad, A./Linnartz, E. (1997), Föderaler Wettbewerb statt Verteilungsstreit. Vorschläge zur Neugliederung der Bundeslänger und zur Reform des Finanzausgleichs, Frankfurt/M./New York
PDS (Hrsg.) (1998), Programm der PDS zur Bundestagswahl 1998, Berlin
Ritter, G. (1991), Der Sozialstaat, Entstehung und Entwicklung im internationalen Vergleich, München
Rürup, B. (1998a), Zur Berücksichtigung der Lebenserwartung in der gesetzlichen Rentenversicherung, in: Deutsche Rentenversicherung 5, S. 281-291
Derselbe (1998b), Umlageverfahren versus Kapitaldeckung, in: Cramer, J.-E./Förster, W./Ruland, F. (Hrsg.), Handbuch Altersvorsorge, Frankfurt/M.
Derselbe (1999), Die rentenpolitischen Aufgaben der nächsten Legislaturperiode, Beitrag zum Expertengespräch: Die Rentenreform in der 14. Legislaturperiode, 4./5. Februar 1999, Evangelische Akademie Bad Boll
Sauga, M. (1998), Flucht aus der Rente, in: FOCUS 30, S. 20-24
Schmähl, W. (1994), Perspektiven der Alterssicherung in Deutschland, in: Wirtschaftsdienst 8, S. 390-395

Derselbe (1997), Alterssicherung - Quo vadis?, Vortrag vor der Enquete-Kommission "Demographischer Wandel" des Deutschen Bundestages, Bonn

Schneider, F. (1998), Stellt das starke Anwachsen der Schwarzarbeit eine wirtschaftspolitische Herausforderung dar? Einige Gedanken aus volkswirtschaftlicher Sicht, Diskussionspapier des Instituts für Volkswirtschaftslehre der Johannes Kepler Universität, Linz

Schönebeck, C./Velsinger P. (1998), Globalisierung und regionale Beschäftigungsentwicklung: Empirische Befunde für die Bundesrepublik 1985-1995, in: MittAB 4, S. 726-747

Schwarz, K. (1989), Weniger Kinder - weniger Ehen - weniger Zukunft?, Bevölkerungsentwicklung in der Bundesrepublik Deutschland gestern, heute und morgen, Gutachten im Auftrag der Deutschen Liga für das Kind in Familie und Gesellschaft, Neuwied

Seifert, K.-H./Hömig, D. (Hrsg.), Grundgesetz für die Bundesrepublik Deutschland, Baden-Baden

Sommer, B. (1994), Entwicklung der Bevölkerung bis 2040 - Ergebnis der achten koordinierten Bevölkerungsvorausberechnung, in: Wirtschaft und Statistik 7, S. 497-503

SPD (Hrsg.) (1998), "Arbeit, Innovation und Gerechtigkeit", SPD-Wahlprogramm für die Bundestagswahl 1998, Beschluß des außerordentlichen Parteitages der SPD am 17. April in Leipzig, Bonn

Statistisches Bundesamt (Hrsg.), Statistisches Jahrbuch für die Bundesrepublik Deutschland, diverse Jahrgänge, Wiesbaden

Dasselbe (1995), Wirtschaftsrechnungen - Einkommens- und Verbrauchsstichprobe 1993, Fachserie 15, Heft 2: Vermögensbestände und Schulden privater Haushalte, Wiesbaden

Dasselbe (1998), Sozialleistungen, Fachserie 13, Reihe 2: Sozialhilfe, Wiesbaden
United Nations/Department for Economic and Social Information and Policy Analysis/Population Division (1995), World Population Prospects - The 1994 Revision, New York
Verband Deutscher Rentenversicherungsträger - VDR (Hrsg.) (1997), Versicherungsfremde Leistungen - sachgerecht finanzieren!, in: Fakten und Argumente 5, Frankfurt/M.
Derselbe (1998a), Prognos-Gutachten 1998 - Auswirkungen veränderter ökonomischer und rechtlicher Rahmenbedingungen auf die gesetzliche Rentenversicherung in Deutschland, GRV-Schriften 9, Frankfurt/M.
Derselbe (1998b), Rentenversicherung in Zahlen 1998, Frankfurt/M.
Von Hagen, J./Welfens, P.JJ./Börsch-Supan, A. (Hrsg.) (1997), Handbuch der Volkswirtschaftslehre 2, Wirtschaftspolitik und Weltwirtschaft, Berlin u.a.
Wahl, S. (1994a), Der materielle Wohlstand vieler älterer Menschen in Deutschland, in: Verheugen, G. (Hrsg.), 60plus, Die wachsende Macht der Älteren, Köln, S. 91-106
Dieselbe (1994b), Private Vorsorge statt staatlicher Vormundschaft, in: Personalführung 6, S. 514-520
Dieselbe (1995a), Übergang zu einer steuerfinanzierten Staatsbürger-Grundsicherung, in: Konrad-Adenauer-Stiftung (Hrsg.), Langfristige Stabilisierung der gesetzlichen Rentenversicherung, Interne Studien 117, S. 72-80
Dieselbe (1995b), Sozialer Sprengstoff und Soziale Sicherungssysteme - das Ende der solidarischen Gesellschaft?, in: Thüringer Ministerium für Bundesangelegenheiten (Hrsg.), Dem Gemeinwesen die Zukunft sichern, Weimar, S. 50-55
Dieselbe (1997), Wirtschaftsmacht mit Altersschwächen, in: Unternehmer-Magazin 1-2, S. 10-13

Wannagat, G. (1965), Lehrbuch des Sozialversicherungsrechts, 1. Band, Tübingen
Welt am Sonntag (1998), Urlaub - Geld - Familie, Was die Deutschen bewegt, 27. Dezember, S. 7
Wirtschaftsjunioren Deutschland - WJD (1998), Bevölkerungsbefragung 1998, Berichtsband, Bonn
World Bank (1994), Averting the Old Age Crisis - Policies to Protect the Old and Promote Growth, Washington, D.C.

Sachregister